蔡志忠作品

蔡志忠

孔子紀行

The Chronicle of Confucius

目錄

—序— 至聖先師孔子的一生 ——蔡志忠 006

一、早年生活

魯襄公二十四年，孔子三歲。012

魯襄公三十年，孔子九歲。012

魯昭公五年，孔子十五歲。013

魯昭公七年，孔子十七歲。015

魯昭公九年，孔子十九歲。019

魯昭公十年，孔子二十歲。019

魯昭公十七年，孔子二十七歲。019

魯昭公十九年，孔子二十九歲。026

魯昭公二十年，孔子三十歲。027

魯昭公二十四年，孔子三十四歲。035

二、出離齊國

魯昭公二十五年，孔子三十五歲。048

魯昭公二十六年，孔子三十六歲。051

魯昭公二十七年，孔子三十七歲。055

三、講學之道

魯昭公二十七年，孔子三十七歲。060

魯昭公二十八年，孔子三十八歲。062

魯昭公二十九年，孔子三十九歲。064

魯昭公三十二年，孔子四十二歲。066

魯定公五年，孔子四十七歲。066

魯定公六年，孔子四十八歲。072

魯定公八年，孔子五十歲。073

四、初事魯國

魯定公九年，孔子五十一歲。 076
魯定公十年，孔子五十二歲。 077
魯定公十一年，孔子五十三歲。 080
魯定公十二年，孔子五十四歲。 083
魯定公十三年，孔子五十五歲。 085

五、周遊列國

魯定公十三年，孔子五十五歲。 092
魯定公十四年，孔子五十六歲。 098
魯定公十五年，孔子五十七歲。 107
魯哀公元年，孔子五十八歲。 112
魯哀公二年，孔子五十九歲。 113
魯哀公三年，孔子六十歲。 119
魯哀公六年，孔子六十三歲。 123
魯哀公七年，孔子六十四歲。 146
魯哀公八年，孔子六十五歲。 148
魯哀公十年，孔子六十七歲。 149

六、晚年歸魯

魯哀公十一年，孔子六十八歲。 152
魯哀公十二年，孔子六十九歲。 176
魯哀公十三年，孔子七十歲。 179
魯哀公十四年，孔子七十一歲。 183
魯哀公十五年，孔子七十二歲。 195
魯哀公十五年閏十二月。 196
魯哀公十六年孟春四月，孔子七十三歲。 197

仲尼弟子列傳——

—前言— 優異弟子傳承哲人的思想 204

至聖先師孔子的一生

——蔡志忠

三十年前我畫《漫畫諸子百家思想》系列，《漫畫孔子說》當然是這一系列中最重要的作品，記得當年除了參照五百一十二則全本《論語》之外，還把司馬遷的《孔子世家》與《仲尼弟子列傳》兩卷看得滾瓜爛熟。

一兩年前，看了周潤發於二〇一〇年所主演的電影《孔子：決戰春秋》，王玟導演將影片拍得大氣磅礴，春秋末年的時代背景、人物造型、服飾等考據也非常講究，周潤發也把孔子言行舉止演得很到位，但整個故事內容還是跟我心目中的孔子一生有很大的距離。

我在《漫畫孔子說》用四十三頁講述孔子的一生，我們當然不能要求四十三頁漫畫或一部九十分鐘的電影，能將孔子七十二年多彩華麗的一生講得很完整，所以我想學司馬遷以文字方式，盡可能將孔子的一生描述得很完整。

開始準備工作，我先湖邊結網，然後再一網打盡。除了《論語》和司馬遷的《孔子世家》、《仲尼弟子列傳》之外，我收集《孔子家語》、《新序》、《說苑》、《荀子》、《春秋左傳》、《莊子》、《列子》、《韓非子》、《春秋》、《呂氏春秋》、《孔子集語》、《孔子聖跡圖》等西漢以前的著作，用電腦搜尋，將所有攸關於孔子和孔子弟子的篇章全部整理出來，任何提到孔子言行的典故無一遺漏。

這本《孔子紀行》裡，任何故事章節必也出自以上所說的這些典籍。編寫這本書時，我有如進行大版本的《孔子世家》一樣，我比司馬遷幸運的是今天的孔子史料比較豐富，加上電腦搜尋，所以進行得很順利，希望這本《孔子紀行》能重現孔子一生的風采，讓我們更能瞭解孔子到底有多偉大。

謝謝各位！

兩千五百年前春秋末年，中國出現一位偉大的思想家，影響整個中國文化與教育制度，開創東方儒家思想，他就是——至聖先師「孔子」。

太史公司馬遷說：「自古以來，天下君王、賢人也夠多的了，活著時榮耀顯貴，死了之後什麼也沒了。孔子以一介布衣傳世十多世代，學者們無不以孔子為宗師，天子王侯全國談及六藝的人，都把孔子學說用來做為最高準則。孔子真可算是至高無上的聖人了！」

高山仰止，景行行止。

雖不能至，心嚮往之。

像高山一樣令人景仰，像大道一樣令人遵循。

雖然我無法達到這種境界，但內心卻非常嚮往。

魯襄公二十二年，九月二十八日孔子誕生於魯國陬邑昌平鄉。孔子出生時，魯國建國已經將近三百年了。

父親孔叔梁紇，是魯國出名的勇士，身長十尺，武力絕倫，曾擔任陬邑大夫。元配生九個女兒，妾雖生一個兒子孟皮，可惜腿部殘障。六十四歲以後，又娶顏氏，夫婦兩人到尼丘山向神明禱告之後才生了孔子。

孔子剛出生時，頭頂凹陷，因此取名為丘，字仲尼。

一、早年生活

魯襄公二十四年，孔子三歲。

孔子三歲時，父親就死了。孔母顏徵在帶著孔子從陬邑移居曲阜闕里，生活艱難。

孔子五六歲時，曾看過一次郊祭[1]會，從此他玩遊戲時常擺各種祭器，學大人祭祀的禮儀動作，扮演主祭的模樣。

母親問：「你怎麼玩這種遊戲？」

孔子說：「我在學習啊。」

母親顏氏說：「你長大之後要去當管廟的官嗎？」

孔子說：「我不做管廟的官，我要像父親一樣，做個人人敬仰的大夫。」

魯襄公三十年，孔子九歲。

這一年，鄭國名相子產執政，進行由上而下的改革，限制貴族的特權，整頓田制，並以實施寬猛相濟的懷柔政策和嚴刑峻法管理百姓。

子產執政一年，眾人歌唱道：「把我家的衣帽沒收來貯藏，把我家的田畝收來查編又丈量。誰去殺子產，我願意幫他忙！」

到了第三年，眾人又歌唱道：「我有子弟，子產來教誨；我有田池，子產來栽培。子產如果死了，有誰來繼位？」

子產執政三年有成，鄭國大治。

後來他又「鑄刑書」，把自己所制定的刑法鑄在鼎上，開創了古代公布成文刑法的先例，人民守法。孔子長大後，子產成為他極為尊敬的偶像。

魯昭公五年，孔子十五歲。

孔子的祖先本是宋國貴族，曾在宋國宮廷職司上卿，後來因政治迫害而遷到魯國，到了孔子這一代，家道已經沒落。由於父親曾當過陬邑大夫，所以孔子有資格進鄉學讀書。孔子長得跟常人不同，身高九尺六寸，人們都稱他為「長人」。

孔子十五歲時，便立志學習。他說：「我十五而有志於學。」

---

① 古代帝王在郊外祭祀天地的典禮。

學而時習之，不亦說乎？有朋自遠方來，不亦樂乎？人不知而不慍，不亦君子乎？
學而第一——一
學得一種知識而能夠應時實行，這不是很令人高興嗎？
有朋友從遠方來，不是很令人快樂嗎？
即使不見知於人，心裡也毫不怨恨，這不就是一位有修養的君子嗎？

魯昭公七年，孔子十七歲。

孔子十七歲時母親過世，靈柩置於五父之衢，沒有立刻埋葬。他希望把母親、父親合葬，但找不到父親的墳墓。陬邑人輓父之母，告訴孔子其父親所葬的位置，但弄不清楚父墓是殯[2]？還是葬[3]？

問見過父親喪禮的鄉人，他們都以為是葬。最後問到輓父的母親，才知道是殯。於是孔子才把父母合葬於魯國東部的防山。

孔子說：「我曾聽說古人造墓不在墓上堆土築墳[4]，我是四處奔波的人，不在墓上做標誌。」於是推土埋墓[5]，高四尺。孔子便先回去，葬墓的人留下來處理後事。下了一陣大雨，墓塌了，葬墓的人修好墓才回來。

---

②已收殮而停著未埋葬的靈柩。
③將屍體收殮靈柩後，掩埋處理。
④上古時，墳與墓是有區別的，葬後封土成丘稱墳。
⑤不堆土、不植樹則稱為墓。

孔子問他們說：「為何你們回來這麼遲呢？」

葬墓的人回答說：「防山的墓塌了。」孔子默默不出聲，葬墓的人連續說了三次。

孔子流下眼淚說：「我聽說過，古人不在墓上堆土啊！」

孔子為母親的喪禮舉行大祥祭[6]，五天後，孔子彈琴仍不成聲調。到第十天，孔子才用笙吹笙歌。

孔子的母親死了，練祭[7]後陽貨來弔喪。陽貨私下對孔子說：「您聽說季氏將大饗國內士人嗎？」

孔子回答說：「我沒聽說，但如果受邀請，即使我在服喪也會出席。」

陽貨說：「可惜季氏並沒邀請你。」

陽貨出去後，曾皙問孔子說：「您剛才說的是什麼意思？」

孔子說：「我服喪期間還回他的問話，表示我沒責怪他的無禮。孝順父母、愛護兄弟到了極點，就能夠感動神祇，感化四面八方的人，這說的就是舜哪！」

孔子在他的故鄉一心一意地孝敬寡母，他住在闕里，闕里的年輕人分配打來的野味、撈到的魚蝦，就多分一些給有父母的人，這是孔子的孝心感化的結果。

⑥父母過世後的兩週年，舉行的祭禮為大祥祭。

⑦古代親人過世一週年舉行的祭禮為練祭，又稱為小祥祭。

里仁為美。擇不處仁，焉得知？
里仁第四—一
1
居住的地方要有仁厚的風俗才好。
2
若不選擇在風俗仁厚的地方居住，怎能算是明智呢？

魯昭公九年，孔子十九歲。

孔子十九歲時，娶宋之并官氏之女為妻，第二年生下伯魚。伯魚出生時，魯昭公贈送一條鯉魚給孔子。孔子得國君賞賜感到很榮耀，所以給兒子取名鯉，字伯魚。也因此後來演變成「孔門不食鯉」的習俗。

魯昭公十年，孔子二十歲。

孔子說：「我小時候，身分卑微，所以會做各種瑣碎的事情。」

當年，孔子做過季氏管理倉庫的小吏，出納錢糧計算得準確清楚。之後又擔任過管理牧場的小職務，將場中牲口養得很好，愈養愈多，後來又出任主管營建的司空。

魯昭公十七年，孔子二十七歲。

這年秋天，郯子前來朝見，魯昭公和他一起飲宴。郯國是春秋時代的東夷小國，這一年，郯國國君郯子，前來朝拜魯國。

叔孫昭子問道：「為什麼少昊氏用鳥名來封官？」

郯子回答說：「少昊氏是我的祖先，我知道這事。從前黃帝以雲命名官職，百官都以雲為名，炎帝用火命名官職，共工用水命名官職，大昊氏用龍命名官職，他們方式相同。」

郯子說：「我的祖先少昊摯建國時，剛好有隻鳥飛過，所以用鳥來命名官職，因而立百官以鳥命名。自顓頊氏以來，不以天瑞命名，而以近處事情命名，設立百姓長官，用老百姓事務命名。」

孔子聽到了這件事，進見郯子，並向他學習古代官制。

孔子常對人說：「一個東夷小國竟然文化那麼深厚，我聽說天子喪失官學，學問存於四夷諸侯。這話真實可信。」

春秋末年，各國諸侯中，實力最強的要數中原地區的晉國。

晉平公問祁黃羊說：「南陽缺個縣令，誰能擔任這個職務？」

祁黃羊回答說：「解狐可以。」

晉平公說：「解狐不是你的仇人嗎？」

祁黃羊回答說：「您問誰能擔任這個職務，不是問誰是我的仇人。」

晉平公很是稱讚祁黃羊的話，就任用了解狐。國人對此都說好。

過了一段時間，晉平公又對祁黃羊說，「國家缺少掌管軍事的官，誰能擔任這個職務？」

祁黃羊回答說：「祁午可以。」

晉平公說：「祁午不是你兒子嗎？」

祁黃羊回答說：「您問誰能擔任這個職務，不是問誰是我兒子。」

晉平公又稱讚祁黃羊，就又任用了祁午。國人對此又都說好。

孔子聽說了這事，說：「祁黃羊的這些話太好了！推舉外人不迴避仇敵，推舉家人不迴避兒子。祁黃羊可稱得上公正無私了。」

有一天，晉平公和臣子們在一起喝酒。

晉平公酒意正濃，得意地說：「哈哈！沒有什麼比做國君更快樂啦！我說的話無人敢違背！」

晉國著名的盲人樂師師曠在旁邊聽了這話，拿起琴朝晉平公撞去。晉平公連忙躲開，琴在牆壁上撞壞了。

晉平公說：「太師，您撞誰呀？」

師曠故意答道：「剛才有個小人在胡說八道，因此我氣得要撞他。」

晉平公說：「說話的是我嘛。」

師曠說：「喲！這可不是做國君的人應說的話啊！」

左右臣子認為師曠犯上，都要求懲辦他。晉平公說：「放了他吧，我要以此作為鑒戒。」

又有一天，晉平公對師曠說：「我已經七十歲了，學琴會不會太晚了？」

師曠說：「快把火把點起來。」

晉平公問：「為何要點火把？」

師曠說：「我聽說：少年好學，如同日出；壯年好學，如同中午的光明；老年好學，就如同點亮火把的光亮。」

晉平公說：「說得好。」

師曠說：「點亮火把和日出，您說哪個比較亮？」

晉平公聽後，說：「師曠說得好。」

晉國強盛是因為晉君英明，知過能改，加上有祁黃羊和師曠這樣善於建言的臣子。但後來晉國也慢慢衰敗，跟魯國一樣，國政被大夫們把持。

晉平公很愛音樂，有一天他要師曠演奏《清徵》給他聽。師曠坐下來用奇妙的指法撥出第一串音響時，便見十六隻玄鶴從南方飛來，玄鶴鳴叫聲和琴聲融為一體，在天際迴盪不已。晉平公和參加盛宴的賓客一片驚喜。

曲終，晉平公激動地提著酒壺，離開席位向師曠敬酒，問道：「世間大概沒有比《清徵》更悲愴的曲調了？」

師曠答道：「不，它遠遠比不上《清角》。」

晉平公喜不自禁地道：「那太好了，就請太師再奏一曲《清角》吧！」

師曠急忙搖頭道：「使不得！《清角》是當年黃帝在泰山為了會集諸鬼神所作的，不能輕易彈奏。」

晉平公問：「這不是更難得嗎？」

師曠說：「古代能夠聽《清角》的，都是有德君主。國君您德行淺薄，不能聽。如果非聽不可，只怕會給您帶來厄運。」

晉平公說：「我已經老朽了，平生最喜愛的就是音律，就讓我聽一回《清角》吧。」

君命難違，師曠只好鼓奏《清角》給晉平公聽。剛開始演奏，有彤雲從西北方向的天空中湧出。繼續演奏下去，狂風颳來了，隨即下起了大雨。颳壞了帳幔，颳得案上放置的盛肉器具摔碎一地。同時，將廊上的房瓦都掀落在地。圍坐聽樂的王公大臣都驚恐地逃散了，晉平公嚇得匍匐在廊室，自此一病不起。

晉國接連大旱三年，赤地千里，從此晉國開始衰敗，國政被韓氏、趙氏、魏氏、中行氏、范氏、知氏六卿所把持，並開始不斷出兵攻打東邊各國諸侯。

楚靈王軍隊強大，也時常侵犯中原各國。齊國強大又靠近魯國，魯國十分弱小，對齊國奉事不周，則遭齊國侵犯。

君子居之，何陋之有？
子罕第九——十三
處於這動亂中，孔子想搬去九夷地方居住。
有人說：「那地方很落後不開化，怎麼能住呢？」
孔子說：「君子住在那裡，怎麼會落後呢？」

魯昭公十九年，孔子二十九歲。

孔子二十九歲時，跟師襄子學琴。

師襄子說：「雖然我因為磬擊得好而當官，但我最擅長彈琴。你的琴已經彈得不錯了，可以學些新曲了。」

孔子說：「我還沒掌握好樂曲的節奏。」

過些時，師襄子又說：「你已熟習彈琴的節奏了，可學些新曲了。」

孔子說：「我還沒領悟琴曲的思想感情。」

過些時候，師襄子又說：「你已領悟琴曲的思想感情，可學些新曲了。」

孔子說：「我還沒體會作曲者是怎樣的人。」

又過些時，孔子肅穆沉靜深思，有高望遠眺的神態。

孔子說：「我體會出作曲者是個什麼樣的人了，他膚色黝黑，身材高大，高瞻遠矚，有如統治四方的王者，除了周文王還會有誰呢！」

師襄子離席，恭敬地向孔子禮拜，說：「您真是聖人啊！這首曲子就是《文王操》呀！」

魯昭公二十年，孔子三十歲。

這年春天，齊景公帶晏子來到魯國。

齊景公問孔子說：「我向先生請教一個問題。從前秦穆公國家小，地方又偏僻，為何能稱霸？」

孔子說：「秦國雖小，目標卻很遠大；地位雖偏僻，施政卻很正當，親自舉拔，用五張黑羊皮贖來賢士百里奚，交給他政權。從這些事實來看，就是統治整個天下，他也能辦到，稱霸諸侯還算成就小呢。」

齊景公說：「你分析得很好。」

這一年，孔子開始教書於闕里，顏無繇聽到消息之後，便前往就學，後來曾子的父親曾晳也拜孔子為師。

孔子說：「人的天賦資質有高低，但經過努力，庸愚者也能和天生才智之士齊一了。」

自行束脩以上，吾未嘗無誨焉！
述而第七—七
1
凡是能自動奉送一些敬師禮品而來的人，
2
我沒有不收他做學生而教誨他的。

不憤，不啟；不悱，不發。舉一隅不以三隅反，則不復也。
述而第七—八
1
沒到了因求知而煩懣的，我不會去啟發他。
2
沒到了因求知而悵恨的，我不會去開導他。
3
如果舉一個角給他，
4
他不能推想到其他三個角，就不再教導他了。

孔子帶學生到山林郊遊，看到捕雀者捉到的全都是黃口小雀，孔子問他說：「為什麼抓不到大鳥？」

捕雀者說：「大鳥很警覺不容易捉，小鳥貪吃所以容易捉到，小鳥跟著大鳥就捉不到，大鳥跟著小鳥也不易捉到。」

孔子回過頭對學生說：「警覺可遠離禍害，貪吃則忘記災禍。福禍來自於心的不同，跟隨對的對象決定禍福。因此君子對他所跟隨的人要謹慎。跟隨年長者，則保全自身；跟隨愚昧無知者，則有滅亡的災禍。」

這一年，執政二十六年的鄭國名相子產逝世，因為他一生廉潔奉公，家中沒有積蓄為他辦喪事，兒子和家人只得用筐子背土在新鄭西南陘山頂上埋葬他的屍體。孔子得知子產過世的消息，非常悲痛，他流著淚說：「子產的仁愛，是古人流傳下來的遺風。」

子產臨終時，對子太叔說：「我死了之後，你一定當政。唯有有德行者，能以寬容政治使百姓服從，其次是嚴厲施政，火勢猛烈，人們一看就怕，很少有人死於火。水性柔弱，往往使人忽略而去玩水，因而死於水的人多，所以施行寬容的政治很難。」

太叔說：「是的。」

子產死後，子太叔執政，不忍心用嚴厲施政，而用寬容的政策，結果鄭國出現很多盜匪，他們召集人手聚集於萑苻澤中。

太叔很後悔說：「如果我一開始就聽從子產的話，也不至於出現這種局面。」於是出動步兵去圍剿萑苻澤中的盜寇，將他們消滅，從此盜賊才稍稍平息。

孔子聽了說：「是啊！政策寬容則百姓怠慢，百姓怠慢又用嚴厲法令糾正。法令嚴厲，則傷害百姓，傷害百姓則要以寬容來對待。以寬容調節嚴厲，以嚴厲調節寬容，嚴厲寬容相輔相成，則國家就平和安穩。」

鄭國人民到鄉校[8]聚會時，喜歡議論執政者施政措施的好壞。

鄭國大夫然明對子產說：「把鄉校毀了，免得人民批評我們。」

---

⑧ 即鄉學，古代中國的地方學校。

子產說：「為何要毀掉？人們工作之餘到鄉校相聚，議論施政的好壞。他們喜歡的，我們就推行；他們討厭的，我們就改正。為何要毀掉它呢？我聽說做好事以減少怨恨，沒聽說過倚仗權勢來防止怨恨。」

然明說：「是的。」

子產說：「制止議論是很容易，然而這樣做就像堵塞河流：河水大決口造成的損害，受害者必然很多，我挽救不了；不如開個小口導流，我們聽取這些議論，把它當作治病良藥。」

然明說：「哇！您的確能成就大事，我確實無能。果真能做到這樣，鄭國就有了依靠，豈止是只有利於我們這些臣子！」

聽完這個故事，孔子說：「依此看來，人們說子產不仁，我不相信。」

從前晉君想進攻鄭國，派叔向到鄭國聘問，以察看鄭國有沒有賢人。

子產對叔向誦詩說：「如果你思念我，請提起衣服涉過洧河，如果你不思念我，難道我沒有其他伴侶？」

子惠思我，褰裳涉洧；子不我思，豈無他士？

此為《詩經》〈褰裳〉中的第二段。子產以詩表達態度：晉國若真心與鄭國友好，對雙方都有利，如果晉國試圖攻打鄭國，鄭國的西邊有秦國，南邊有楚國，鄭國隨時都有可能與秦、楚結盟，共同對付晉國。

因此叔向回到晉國說：「鄭國有賢人子產在，進攻不得。鄭國跟秦國、楚國緊鄰，子產賦詩流露出不二之心，鄭國進攻不得。」於是晉國停止攻鄭。

孔子說：「《詩經》說：『國家強大在於有賢人。』子產只誦詩一首，鄭國便免於災難！」

子產有君子之道四焉；其行己也恭，其事上也敬，其養民也惠，其使民也義。
公冶長第五——十六
孔子說：
子產有四種行為合乎君子之道：
自己行事很恭順；
對在上位的人很誠敬；
愛護百姓，廣施恩惠；
使用民力很得宜。
1
2
3
4
5

魯昭公二十四年，孔子三十四歲。

魯國大夫孟僖子病危，臨終前告誡兩個兒子孟懿子及南宮敬叔說：「孔丘是聖人後代，年少好禮，我死了之後，你們一定要以他為師。」

孟懿子及南宮敬叔說：「是的，父親。」

孟僖子死後，孟懿子及南宮敬叔兩兄弟便跟孔子學禮。

孔子對南宮敬叔說：「我聽說老子博古通今，通曉禮樂之源，明瞭道德的歸屬，因此他是我的老師，我想到周國請教他。」

南宮敬叔回答說：「我替你達成願望。」

於是南宮敬叔對魯昭公說：「臣受父親遺言：『孔子是聖人後代，先祖滅於宋國初，他的祖先弗父何擁有宋國，後來傳給弟弟厲公。到了正考父時，輔佐宋戴公、宋武公、宋宣公三朝。』臧孫紇曾經說過：『聖人的後代，如果不當國君，必有才德出世。』如今孔子年少好禮，不正是才德出世嗎？」

魯昭公說：「喔，是嗎？」

南宮敬叔說：「如今孔子想到周國去學禮，考察先王遺制，禮樂所達的極致，您何不資助他，讓我跟孔子一起到周國去。」

魯昭公說：「好。」於是魯昭公就給他一輛車子、兩匹馬、一名童僕，南宮敬叔和孔子一起到周國。

孔子在東都洛邑考察期間，曾習樂於音樂大師萇弘。

孔子說：「弟子仲尼，特地來向大師請教樂理。」

萇弘見孔子後，對周朝大夫劉文公說：「孔子儀表非凡，生有異相，志存高遠，言稱先王，躬禮謙讓，洽聞強記，博物不窮，前途遠大。」

劉文公說：「如今周王室衰微，各國諸侯忙於爭鋒稱霸，孔丘出身貧賤，一介布衣怎可能成為聖人呢？」

萇弘說：「堯舜文武之道，已被世人拋棄。當今禮樂崩喪，應出現聖者正其道統！」

孔子說：「我又怎敢期望成為聖人？我只是個禮樂的信徒而已。」

孔子走遍祭天之所，考察明堂規則和宗廟制度。有一天他跟南宮敬叔一起去參觀明堂，看到四門牆上有堯舜桀紂的畫像，畫出了每個人善惡容貌和他們的箴言。還有周公輔佐成王，抱著成王面朝南方接受諸侯朝見的畫像。

孔子來回仔細觀看，對南宮敬叔說：「這是周朝興盛的原因啊！明鏡能照出形貌，古代之事能知當今。君主不朝向國家安定的路上，忽視危亡的原因，這和倒著跑，卻想追上前面的人一樣，難道不糊塗嗎？」

孔子在周國觀覽，進入周太祖后稷廟堂。右邊台階前有銅人像，口被封了三層，銅人像背後刻著銘文：

「警戒啊！這是古代說話謹慎的人。不要以為多言無傷，禍患由此產生；不要以為多言無害，禍患由此擴大；不要以為別人不聞，神在監視著你。焰焰火苗不撲滅，熊熊大火怎麼辦？涓涓細流不堵塞，終將匯聚為江河；長長的線不弄斷，將會結成大羅網；細小枝條不剪除，長大就要用斧砍。謹慎是福的根源。口造成什麼傷害？它是禍患的大門。人人皆趨前，我獨守此處。人人皆變動，我獨自不移。智慧藏於內心，技藝不示於人。」

孔子讀完這篇銘文，回頭對南宮敬叔說：「你們記住啊！這些話實在中肯，真實可信。《詩經》說：『**戰戰兢兢，如臨深淵，如履薄冰。**』立身行事能如此，哪會有口舌之患呢？」

南宮敬叔說：「是的，老師。」

孔子感歎說：「我現在才知道周公的聖明，以及周之所以能稱王天下的原因了。」

孔子在洛陽時，因為要閱讀周王室藏書，必須拜會周王室文典的史官老子，向老子問禮。

弟子跟老子報告：「魯國大教育家孔子來訪！」

老子說：「你們先把路打掃乾淨，我去迎接他。」

弟子說：「是的，老師。」

於是老子騎著牛，到郊外迎接孔子。孔子也依照禮節從車上下來，捧著大雁見面禮送給老子。孔子在洛陽住了幾天，並向老子請教。

孔子說：「難啊！道在今天太難實行啊！我實行道，但沒有人接受啊。道在今天太難實行啊！」

老子說：「說話流於華麗言辭，聽者會被言辭干擾。如能掌握這個原則，道便不會被忘記了。」

孔子說：「是啊，你說得極是。」

孔子離開周國時，老子去送他。

孔子說：「謝謝先生教誨，受益良多。告辭了！」

老子說：「富貴的人送人財物，仁德的人送人言詞。我不是富人，就送你兩句話當臨別的禮物吧。」

孔子說：「謝謝。」

老子說：「聰明的人常遭困厄，是因他喜歡議論別人；學問淵博的人常遭危險，是因他好揭人罪惡；做人子女的應心存父母，做人臣屬的應心存君上，不能只顧到自己。」

孔子說：「我一定遵循您的教誨。」孔子懷著感激的心情離開洛陽，回到魯國之後，經常讚美老子。

孔子常常對弟子們說：「鳥，我知道它會飛。魚，我知道它會游。獸，我知道它會走。但是龍，它在雲端，在天上，無法捉摸，深不可測，老子就像龍一樣啊！」

到周學習之後，孔子更受人尊崇，門下學生愈來愈多了。

大哉孔子

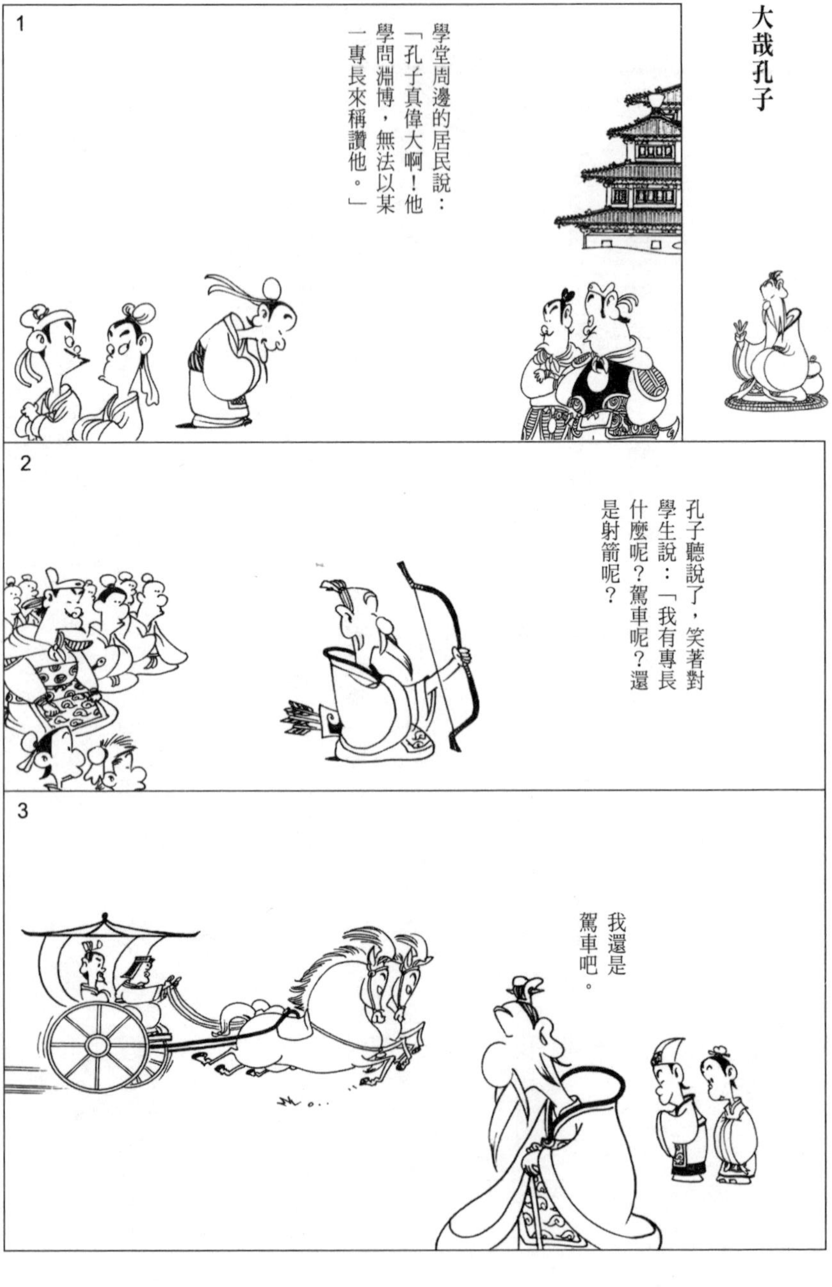
1
學堂周邊的居民說：
「孔子真偉大啊！他
學問淵博，無法以某
一專長來稱讚他。」
2
孔子聽說了，笑著對
學生說：「我有專長
什麼呢？駕車呢？還
是射箭呢？
3
我還是
駕車吧。

魯國的勇士子路，也經由門人引薦拜孔子為師。有一天，子路穿華服去見孔子。

孔子說：「子路啊！你為何穿得這麼華麗？長江從岷山發源時，水流只能浮起酒杯。流到江津時，如果無船，不避大風，則無法渡過，這不是流水太多的原因嗎？今天你穿得這麼華貴，顏色鮮豔，天下有誰會告訴你，你的缺點呢？」

子路快步出去更換服裝回來，樣子很自在。

孔子說：「子路你記住！我告訴你：愛說大話者華而不實，愛表現者品德敗壞。在臉上表露智慧的是小人。君子知道就說知道，這是說話的關鍵；做不到就說做不到，這是行動的準則。說話掌握關鍵，就是智慧；行動有最高準則，就是仁德。既有仁德又有智慧，哪有什麼不滿足的呢？」

子曰：「由也，女聞六言六蔽矣乎？」對曰：「未也。」「居，吾語女：好仁不好學，其蔽也愚；好知不好學，其蔽也蕩；好信不好學，其蔽也賊；好直不好學，其蔽也絞；好勇不好學，其蔽也亂；好剛不好學，其蔽也狂。」
陽貨第十七─八
仲由啊，你聽過六種美德伴隨著六種流弊的説法嗎？
沒有。
坐下！我告訴你。
是。
喜歡仁愛卻不好學，便會流於愚昧；
喜歡聰明卻不好學，便會流於放蕩；
喜歡誠實卻不好學，便會遭受戕害；
喜歡正直卻不好學，便會有急切的毛病；
喜歡勇敢卻不好學，便會招致禍亂；
喜歡剛強卻不好學，便會有狂躁的毛病。

由，誨女，知之乎？
知之為知之，
不知為不知，是知也。
為政第二—十七
仲由呀！我教你的你都知道了嗎？
知道就說知道，
不知道的就說不知道，
要老實地說，這才是真知啊！

孔子到魯桓公的廟堂參觀，看到一件易於傾倒之器。孔子問守廟人說：「這是什麼器物？」

守廟人說：「是國君放在座位右邊，以示警戒的欹器[9]。」

孔子說：「我聽說國君座位右邊的欹器，欹器空虛則傾斜，水剛剛好則端正，水滿則倒下。賢明國君把它視為最高警惕，所以把它放在座位右邊。」說完回頭對弟子說：「灌水進去試看看。」

弟子把水灌進欹器，水不多不少時就端正，水滿時欹器就倒下。孔子感歎道：「唉，哪有東西盈滿而不倒呢！」

子路上前問孔子說：「請問保持盈滿有什麼方法？」

孔子說：「智者，以愚蠢保護自己。功高者，以謙讓保護自己。勇者，以懦弱保護自己。富者，以謙卑保護自己。這就是損之又損，保護自己的方法。」

季孫氏、叔孫氏、孟孫氏原本是魯桓公三個兒子的後代，故稱三桓。當時魯國政權實際掌握在三桓手中。

孔子說：「魯國喪失實權已經五代，政權落到三桓之手已經四代了。」

掌握魯國實權的三個家族在祭祖儀式結束時，唱著天子祭祖時所用的詩歌。孔子說季氏：「以天子八佾之舞在庭院中舞蹈，如果這樣的事都能忍，還有什麼事不能忍？『諸侯輔助，天子肅穆。』這樣的歌詞怎能在三家的廟堂唱呢？」

⑨為一種中國古代的酒器，相傳魯國君主會在座位右側放置欹器來警惕自己不可驕傲自滿。

二、出離齊國

魯昭公二十五年，孔子三十五歲。

這年魯國發生內亂：季平子與魯國貴族郈昭伯為鄰，他們兩家常以鬥雞為樂。季平子在雞翅膀上偷偷撒上芥末，郈昭伯的公雞無論多麼雄壯，總是被弄瞎眼睛，連連失敗。

後來郈昭伯發現季平子鬥雞取勝的祕密，便也在雞爪上裝上鋒利的小銅鉤，季平子的雞失敗連連。季平子發現郈昭伯作弊，彼此指責對方而相互攻擊起來。

季平子怒而侵郈氏，佔領郈昭伯封地。季平子也趁此機會將原本敵對的臧昭伯家臣囚禁了起來。郈氏與臧氏便一起訴冤於魯昭公。

魯昭公對季平子的專權早已不滿，便支持郈氏、臧氏，出兵包圍了季平子。季平子看看四周是軍隊，已無法逃命，表示願意搬出曲阜，歸還從郈氏搶來的封地，魯昭公不允許，季平子又表示願意賠償財產，囚禁自己，以示懲罰。魯昭公仍不允許。季平子便暗請叔孫氏出兵救援。

叔孫氏司馬問他的家臣：「有季氏和沒季氏，哪一種對我們有利？」

家臣回答說：「如果季氏不存在了，叔孫氏和孟孫氏也會先後垮台。」

於是，叔孫氏司馬下令援救季平子攻昭公。

持觀望態度的孟孫氏見有機可乘，也帶兵去援救季平子。三桓聯手攻伐魯昭公，魯昭公大敗，郈昭伯被孟孫氏所殺，昭公兵敗逃到齊國。孔子得知魯昭公逃到齊國的消息後，也追隨魯昭公趕到齊國。

齊國，巍巍泰山聳立在雲端。

孔子到齊國，第一次這麼近看到泰山，他感動得拿出琴，當場作一首丘陵之歌：

登彼丘陵，峛崺其阪。仁道在邇，求之若遠。
遂迷不復，自嬰屯蹇。喟然回慮，題彼泰山。
鬱確其高，梁甫回連。枳棘充路，陟之無緣。
將伐無柯，患茲蔓延。惟以永歎，涕霣潺湲。

登上高崗丘陵，山坡曲折連綿。仁道看來很近，想達到卻很遠。
不知該怎麼走，被艱困所羈絆。喟然歎息回首，泰山聳入雲端。
茂林泰山高聳，梁甫與之相連。路上充滿荊棘，想登高卻無緣。

想砍伐卻無斧，又怕滋生蔓延。只能長歌詠歎，眼淚潺潺不停。

孔子唱完丘陵之歌，看到一個婦女在墳前哭得很傷心。孔子扶著車軾側耳傾聽說：「這麼悲痛，像是一再遇上傷心事。」孔子令子路上前詢問。

婦女說：「從前我公公死於老虎，我丈夫也死於老虎，現在我兒子又死於虎口。」

子路說：「妳為何不搬離這裡？」

婦女回答說：「因為這裡沒有苛政啊！」

孔子對子路說：「你要好好記住，苛政猛於虎啊！」

有一天路過山邊，看見榮啟期走在郕國郊外，穿鹿皮衣服，繫著繩子腰帶，邊奏琴邊唱歌。

孔子問道：「為何您這麼快樂？」

榮啟期說：「快樂的事很多，最主要的有三件：天生萬物，人最尊貴，我生為人，這是第一件樂事；男女有別，男尊女卑，人以男貴，我生為男，這是第二件樂事；人生有死於胎腹年幼，我能活到九十歲，這是第三件樂事。貧窮是士人常態；死亡是人之終極。居常態又享天年，還憂愁什麼？」

孔子說：「好極了！他真是個自得其樂的人。」

魯昭公二十六年，孔子三十六歲。

孔子剛到齊國，便急著想到都城郊門外的劇場聽韶樂，遇見一個也要去聽韶樂的小孩眼睛很明亮，心情很愉快，模樣很端正，手提一壺粥，跟著孔子的車子一起走。

孔子對車夫說：「快趕車！快趕車！韶樂開始演奏了。」

剛到達劇場，就聽到了美妙的韶樂。孔子說：「哇！韶樂好美好美喔！從太師摯演奏的序曲開始，到最後《關雎》結尾，優美的音樂繚繞在我耳邊。」

從此之後有三個月，孔子嘗不出肉的香味。孔子感歎地說：「想不到好聽的音樂會這樣迷人啊！」他評論《韶樂》：「盡善，盡美。」評論《武樂》：「盡美，但不盡善。」

孔子到了齊國，想藉由高昭子的關係接近齊景公，於是做昭子的家臣。

春秋時代政治很亂，君不君，臣不臣，魯昭公被季孫氏所逐，齊景公又受控制於陳恆，陳恆的勢力很強大，極有篡奪政權的可能。

齊景公問：「為政的原則又怎樣？」

孔子說：「為政最重要的是善用財力，杜絕浪費。」

這時，左右著急地跑進來報告：「周國使者剛到，聽說先王宗廟遭火災。」

齊景公追問：「是哪個君王宗廟被燒？」

孔子說：「一定是釐王的廟。」

齊景公問：「你怎會知道？」

孔子說：「《詩經》說：『皇皇上天，其命不忒，天之以善，必報其德。』災禍也是如此。釐王改變文武之制，宮室高聳，車馬奢侈得無可救藥。所以天降災於他的廟堂。」

齊景公說：「上天為何不降禍到他身上，而懲罰他的宗廟呢？」

孔子說：「如果降到釐王身上，文武不就沒子嗣了嗎？所以降災到他的廟堂，以彰顯釐王之過。」

過一會兒，有人報告說：「受災的是釐王廟堂。」

景公吃驚地站起來，再次向孔子行禮說：「好啊！聖人的智慧果然高人一等。」

孔子在齊國時，齊景公出去打獵，用旌旗召見管理山澤的官員，管理山澤的官員沒有上前晉見，齊侯便派人把他抓起來。

管理山澤的官說：「以前君王打獵時，用旌旗召見大夫，用弓來召見士人，用皮帽來召見管理山澤的小官。我沒看見皮帽，所以不敢晉見。」齊景公聽了，就放了他。

孔子聽到這事，說：「好啊，遵道不如遵守職責。君子鼓勵這種行為。」

有一天，一隻獨腳鳥飛到齊國宮殿屋頂，又飛下來棲息於殿前，張開翅膀跳舞。齊景公感到奇怪，於是派人去問孔子。

孔子說：「這種鳥叫商羊，是有水的預兆。從前有小孩子彎起一隻腳，抖動雙肩，邊跳邊唱：『天將大雨，商羊跳舞。』現在齊國有這種鳥，大雨恐怕要來了。快告訴百姓修水溝，築堤壩，即將發生大水災。」

不久果然大雨不停，雨水淹沒很多國家，傷害百姓，只有齊國有準備，沒有遭到破壞。

齊景公說：「聖人的話，真實可靠而且應驗。」

孔子說：「謝謝誇獎。」

齊景公鑄造了一口大鐘，準備懸掛在大殿前方。孔子、伯常騫、晏子都來觀看，他們三人都說：「這鐘就要碎了。」人們用鐘杠一撞，果然碎了。

齊景公召見三人問道：「請問，為何大鐘會破碎？」

晏子說：「鐘太大不合禮制，我因此說鐘將壞。」

孔子說：「鐘太大，又懸空過大面積，它的聲氣不能沖上天去，因此我說將要破碎。」

伯常騫說：「今天正是庚申日，是雷的日子，天下萬物的聲音不能超過雷聲，因此我說大鐘將被摧毀。」

齊景公點頭說：「嗯，三個理由都有道理。」

這年冬天，齊邑連下三天大雪，齊景公披著白色狐皮裘衣，坐在殿堂台階。齊國宰相晏子站在他的身旁。

景公說：「怪啊！天降大雪竟然不冷。」

晏子回答說：「天氣真的不冷嗎？我聽說古代賢明君王，吃飽時知道有人挨餓，穿暖時知道有人受寒，安逸時知道有人在辛勞。現在的君王真不知道民間疾苦啊！」

齊景公說：「你說得對！我遵從你的教誨。」

於是下令拿出衣物糧食，發放給饑寒交迫的人，在路上看見饑寒的路人，不問他來自哪個國家，都一律救濟他們。

孔子聽到這件事後說：「晏子明白自己所應做的事，齊景公能做他所該做的事。」

孔子說：「晏子善於與人交往，交往愈久，別人愈尊敬他。」孔子很欣賞晏子，但晏子卻有自己的立場。

有一天，齊景公對晏子說：「我想把尼谿的田封給孔子。」

晏子說：「儒者都能言善道，態度高傲很難駕馭，崇尚喪禮浪費財產厚葬死人，不可將這形成習俗；他們不事生產，只是到處遊說求職，這種人不能來掌理國事。」

齊景公說：「好吧，就不用他罷。」此後齊景公雖然很禮貌地接見孔子，但不再問攸關於禮的問題了。

魯昭公二十七年，孔子三十七歲。

齊國的大夫想加害孔子。

弟子說：「老師，聽說有人想要陷害您。」

孔子說：「喔，是嗎？」

孔子只好向齊景公求救，齊景公對孔子說：「我老了，沒法用你了。」

孔子說：「喔，是嗎？」

由於形勢非常險惡，孔子回到住所後，急忙告訴門人說：「我們走，回魯國去。」

弟子說：「老師，我正在淘米，我們煮好飯吃完再走好嗎？」

孔子說：「來不及了，把淘好的米帶著，在路上瀝乾吧。」

孔子等不及弟子做飯，便倉促離開齊國。

齊景公待孔子
1
孔子到了齊國，
2
齊景公談到要如何對待孔子。
3
像魯君那樣我做不到，我可以用季氏和孟氏之間的待遇待他。
4
但我老了，不能用孔子了。
5
於是孔子離開了齊國。

三、講學之道

魯昭公二十七年，孔子三十七歲。

在返魯途中，孔子聽說吳國延陵季子出使齊國，回程路上大兒子死了，延陵季子只好將兒子就地葬於嬴博之間。延陵季子是吳王壽夢的第四個兒子，曾三次放棄繼承王位，周遊列國學習禮樂，是吳國文化賢人。孔子八歲時，延陵季子曾專程赴魯國觀看同代樂舞。

孔子說：「延陵季子是吳國最懂得禮的人，我去觀看他如何主持兒子的葬禮。」

孔子到了後，看到墓穴深不到有泉水之處，用平常衣服包裹屍體，下葬後積土成墳，墳的寬長和墓坑相當，墳的高度可垂手按住墳頂。積土成墳之後，他袒露左臂，向左繞著墳頭轉了三圈。延陵季子邊哭邊喊：「骨肉又回歸大地是自然規律。神魂精氣無所不在，無所不在。」

之後，他又重新上路。孔子說：「延陵季子主持葬禮，真是合乎周禮啊。」

孔子回到魯國，開辦私人學校招收學生，顏回、閔損、冉耕、冉雍、冉求也先後拜孔子為師。孔子收弟子不分貧富貴賤，也由弟子資質高低差別，因材施教。

在門人中，孔子最喜歡的弟子要屬顏回了。

孔子說：「顏回真是賢德啊！一小筐飯，一瓢水，住簡陋狹窄的屋子，別人都受不了窮苦，而顏回卻沒有改變他自得的樂趣。顏回真是賢德啊！

「聽我說話能毫不懈怠，只有顏回一個人吧！顏回不是對我有幫助的人，對我所說的話，他從不質疑。我曾整天跟顏回談話，他從不反駁有如愚癡。後來我發現，他理解透徹一點也不笨。」

孔子說：「可惜啊！我只見顏回進取，從沒看過他停止學習。」

顏回說：「老師不是曾經說過：求學就像來不及似的，學到了又怕把它失掉。」

孔子說：「是啊！一個讀書人若已立志求道，而還恥於自己穿得不好，吃得不好，這種人便不足以和他討論道了。」

魯昭公二十八年，孔子三十八歲。

晉國魏獻子執政，分割祁氏及羊舌氏的封田，賞賜大夫們和他自己的兒子戊，這些大夫和他兒子，都由於賢明而被魏獻子提拔。

魏獻子又對賈辛說：「你為王室出力，所以我提拔你好嗎？你要尊重自己的榮譽，不要壞了你的功勞。」

孔子聽說這件事，說：「晉魏獻子舉拔人才，近不忽略親屬，遠不忽略賢人，做得真好啊。他又任命賈辛為大夫，是舉才忠誠的典範。《詩經》說：『永言配命，自求多福。』就是忠。魏獻子舉才合乎義，任命合乎忠。他的子孫會長存於晉國吧！」

默而識之，學而不厭，誨人不倦，何有於我哉？
述而第七—二
將學問默誦爛熟，記在心裡，
好學而不厭，
詩經
教誨學生，永遠不會倦怠。
這對我來說有什麼困難呢？

魯昭公二十九年，孔子三十九歲。

晉國趙簡子想學鄭國子產「鑄刑書」，他徵收了四百八十斤鐵，用來鑄造刑鼎，把范宣子所制定的刑書鑄上去。孔子說：「晉國之所以衰敗，是因為失去法度。當年晉國將守唐叔制定法度，用來約束民眾，貴族依官階高低來遵守，因此民眾尊重貴族，貴族能守住產業。貴賤不亂就是法度，當初晉文公任命執掌法制的官，制定被廬之法，成為盟主。現在拋棄了這個制度鑄造刑鼎，百姓只能看到鼎上條文，如何尊重貴族？還有什麼能供貴族去守？貴賤沒有次序，還成什麼國家？況且范宣子的刑書，是在夷地閱兵時制定的，是晉國的亂制，怎能把它當成法律呢？」

道之以政，齊之以刑，
民免而無恥；
道之以德，
齊之以禮，有恥且格。
為政第二—三
1
孔子說：用政令來領導民眾，用刑罰來整治人民，人民害怕不敢做壞事，但只是避免受到刑罰罷了，並不會存有羞恥之心。
2
被抓到會判重刑，還是別幹壞事的好……
沒抓到，就算是賺到的。
3
如果以道德來感召他們，以禮節來引導他們，人民便存有羞恥之心，而能改過向善。
德政
4
做壞事實在沒面子，還是改邪歸正的好。
是啊！

魯昭公三十二年，孔子四十二歲。

魯昭公被逼出國七年，最後死於晉國的乾侯，魯定公繼位。但是魯定公仍毫無政治權力，一切都受到季孫氏、叔孫氏、孟孫氏擺布。掌握魯國大權的季孫氏又被他的家臣陽貨挾制得束手無策。

魯定公五年，孔子四十七歲。

孔子從小看了很多書，凡是古書中曾經記載過的任何冷僻知識，他都無所不知。

大禹治水時，到了牧德山，看到一個神人，神人對大禹說：「苦了你身，累了你心，你全力整治洪水，大概很疲憊了吧？我有《靈寶五符》，可以用它役使蛟龍水豹。」於是交給了大禹，並告誡說：「治水完畢把書藏到仙山。」

大禹治水成功後，就把書藏到洞庭包山的洞穴裡。直到吳王闔閭即位時，他命人在包山開採石頭建造王宮，在石盒中得到這本《靈寶五符》，因為不認識書上的文字，於是派使者去請教孔子。

吳使說：「吳王閒居宮中，有隻紅色烏鴉銜著這書飛到大王住處，沒有人能認識那上頭的字，所以大王讓我遠來請教您。」

孔子說：「從前大禹治水時，在牧德山遇到神人，送給他《靈寶五符》方術，講長生不老之法，後來大禹要成仙時，把它封在洞庭包山洞裡，君王得到的大概就是這本書吧！至於紅色烏鴉的事，我沒聽說過。」

孔子說：「我曾聽童謠唱道：『吳王出遊觀覽震湖，龍威老人山居野處。北上包山跨入雲端，進入洞室竊取禹書。』天地宏篇不可閱讀，此書流傳百六十年，強取必將喪國滅族。」

吳王闔閭聽後，肅然起敬。

楚王渡江時，江中漂來一樣東西，圓圓紅紅，其大如斗，撞向楚王所乘坐的船。船工把它撈上船。楚王很奇怪，遍問群臣，無人認得此物。楚王派使者到魯國，向孔子請教。

孔子說：「這就是萍的果實，可切開來吃。是吉祥物，只有諸侯盟主能得到。」

使者回去稟報，楚王就把萍的果實切開吃了，果然味道很美。很久之後，楚國使者又到魯國，向魯國大夫說了這件事，

大夫問孔子說：「孔夫子怎麼知道得這麼清楚？」

孔子回答說：「從前我到鄭國路經陳國，在野外聽到小孩唱歌：『楚王渡江得萍實，大如

斗，赤如日，剖而食之，甜如蜜。』這就是楚王得到萍實的先兆，我因此才知道。」

孔子乘舟渡江時，看見一隻奇異的鳥有九個尾巴，大家都叫不出名字。

有人請教孔子，孔子說：「名叫鶬鴰。」

子夏好奇的問：「老師您怎麼知道的？」

孔子說：「曾聽河上人家唱道：鶬鴰啊！鶬鴰，逆毛一擦就老啦，身上長著九個尾巴。」

子貢說：「老師，您真無所不知啊！」

魯定公五年夏天，孔子四十七歲。季平子死了，季桓子繼任為上卿。季桓子掘井時挖得一個腹大口小的陶器，裡面裝著像羊的東西。季桓子向孔子說：「陶甕裡有一隻狗。」

孔子說：「應該是隻羊吧？我聽說木之怪叫作夔石之怪叫作罔閬，水之怪叫做龍、罔象，土中之怪叫做墳羊。」

季桓子有位名叫仲梁懷的寵臣，他與陽貨結怨。陽貨要驅逐仲梁懷，季氏家臣公山不狃

阻止陽貨。

這年秋天仲梁懷更加驕橫了，陽貨把他捉了起來。季桓子很惱怒，於是陽貨把季桓子也囚禁起來，直到季桓簽了盟約才把他放出來。陽貨發動政變，代替了季桓子的地位，更挾持魯君，放逐敵黨成了魯國的獨裁者。

孔子不願意在魯國當官，退休在家，專心研究整理《詩》、《書》、《禮》、《樂》，學生們愈來愈多，有的甚至來自遠方，無不虛心向孔子求教。

小子何莫學夫詩？
陽貨第十七—九
同學們！你們為何不學《詩》呢？
學詩可激發熱情，可觀察天地萬物，
使人學會合群，
近可侍奉父母，
遠能侍奉君王，
還可以知道很多鳥獸草木的名稱。

孔子讀到《詩經》〈正月〉第六章：「謂天蓋高，不敢不局。謂地蓋厚，不敢不蹐。維號斯言，有倫有脊。哀今之人，胡為虺蜴？」突然感到驚懼。

孔子說：「那些不得志的君子不是很危險嗎？跟隨君主附和世俗，則道廢；違背君主遠離世俗，則身危。時代不宣揚善行，偏偏要追求善，則是反常。

「賢人既不能逢天時，又怕不能終養天年，夏桀殺關龍逢，商紂殺比干，都是這種事。《詩經》說：『誰說天很高？走路不敢不彎著腰；誰說地很厚？走路不敢不躡著腳。』這是說上下害怕出錯，無容納自己之處。」

孔子說：「如果能讓我多活幾年，五十歲學《周易》，就能沒有大錯了。」

魯定公六年，孔子四十八歲。

陽貨發動政變，代替了季桓子的地位，更挾持魯君，放逐敵黨，成為魯國的獨裁者。魯國出現了大臣專權的局面。因此魯國自大夫以下都不守禮分，超越職權，違背了正道。

陽貨延攬人才，想拉攏孔子，但孔子不想見他。陽貨故意趁孔子不在時，送來烤乳豬，要孔子依禮回拜答謝。

弟子說：「老師，陽貨趁您不在時，送來烤乳豬。」

孔子說：「我只好依禮去回謝了。」

孔子趁陽貨外出時，登門叩謝，不巧在途中碰上陽貨。陽貨說：「過來，我跟你講幾句話。保留學問不肯拿出來治理國家，算是仁嗎？」

孔子說：「不能。」

陽貨說：「一個人希望出來為國做事，但屢次失掉機會，算是智嗎？」

孔子說：「不能。」

陽貨說：「時間過得真快，歲月是不會等人的呀。」

孔子說：「是啊，我打算出來做官呀！」孔子雖然口頭應付，但拒絕輔佐陽貨。

魯定公八年，孔子五十歲。

費邑的邑宰公山不狃是季桓子非常器重的家臣，曾與陽貨一起辦過季平子的喪事。季桓子才於魯定公五年派他擔任費宰[10]。但三年後，公山不狃與季桓子不和，他便以費城為根據地反叛季氏。

公山不狃想有所作為，便派人請孔子前往費邑輔助。孔子依循治國之道已經很久，但抑鬱不得志，無人重用自己，因此孔子準備前往。

子路知道了，不高興地說：「沒有地方去就算了，為什麼一定要去公山不狃那裡呢？」

孔子說：「他們請我去，難道會白跑一趟嗎？如果有人肯用我，我就要在東方復興周禮，建立一個強盛的東周。」

子路說：「從前我聽老師說過：『親身為非作歹的人那裡，君子是不去的。』現在公山不狃佔據費邑反叛，你卻要去，這是為什麼呢？」

最後孔子還是同意子路的意見，沒到費邑輔助公山不狃。

⑩ 費邑地方的家臣之首。

四、初事魯國

魯定公九年，孔子五十一歲。

費城邑宰公山不狃在季桓子手下不如意，於是就利用陽貨作亂，打算廢掉季孫氏、孟孫氏、叔孫氏三桓，另立陽貨喜歡的庶子。於是便聯合不得志的叔孫氏庶子叔孫輒，一起把季桓子抓了起來。季桓子用計騙了他，才得以逃脫出來。

魯定公九年，陽貨執掌魯國政權。處處感受到季氏為首的三桓掣肘，就想取代三桓，把他們的勢力連根拔除。

陽貨說：「將三桓滅了，由我取而代之。」

部下們說：「是。」

魯定公九年六月，三桓為了政治生命，聯合起來跟陽貨作殊死戰，進攻陽關，陽貨終於被三桓打敗。陽貨派人焚燒萊門，魯軍驚恐，陽貨乘機突圍而出，逃到齊國。

對於這整件事，孔子感歎說：「不懂天地法則，就不能當君子；不知道禮儀，就不能立身處世；不善分辨話語，就不能瞭解別人。」

後來聽說陽貨又到齊國作亂，被齊人抓起來，陽貨又趁機逃到晉國，當趙簡子的家臣。

孔子說：「趙家的後代恐怕會有動亂了。」

這一年，季孫氏向魯定公推薦孔子，魯定公任孔子為中都宰。孔子才到職一年就很有績效，四方官吏都模仿他的政治。

魯定公問孔子：「如果用您的施政方法治理魯國，會怎麼樣？」

孔子回答說：「採用我的施政方法，就連天下也足以治好，更何況治理好魯國呢？」

魯定公說：「好，現在將你由中都宰升任為司空，進入中央參與國事。」

孔子說：「遵旨。」

魯定公十年，孔子五十二歲。

這年，魯定公欲與齊國修好，想跟齊國舉行會盟。

齊大夫黎鉏警告齊景公說：「魯國用了孔丘，他將魯國治理得很好，魯國強盛便會危害齊國。孔丘知禮而無勇，會盟時用萊人劫持魯侯，孔丘一定沒有辦法應付。」

齊景公說：「就這麼辦！派使者去約魯君來做和好的會盟。」

黎鉏說：「是的。」

齊景公便遣使者到魯國，魯國臣子報告：「齊景公遣使約我們會盟於夾谷。」

魯定公說：「好極了，準備輕車上路，到夾谷會盟。」

孔子說：「且慢，我聽說文事必有武備，有武事者必有文備。從前諸侯出自己國境，一定帶必要官員隨行，請你也帶左右司馬一道去。」

魯定公說：「好，任命你為盟會的代理司儀。」魯定公帶了孔子與左右司馬，出發到夾谷會盟。齊魯兩君在夾谷相會，雙方舉行相見禮和獻酬禮。禮畢，雙方一起寫盟書。齊國在盟書加寫了一條：「齊國軍隊到國外作戰時，魯國要派三百輛兵車，協助齊國軍隊作戰。」

孔子不甘示弱，也在盟書加寫一條：「齊國應將以前侵佔魯國汶水以北的鄆邑、讙邑、龜陰歸還魯國。」

齊景公心有不甘：「可惡。」

黎鉏說：「大王，動手吧。」

齊景公說：「好。」

黎鉏高舉右手：「請奏四方之樂[11]。」幾十位手持刀槍旗幟的赤身蠻夷，立刻衝上盟會台上，朝向魯定公面前一陣亂舞，想伺機劫持魯定公。

孔子挺身制止：「住手！」並對齊景公說：「兩國之君為了修好而來會盟，哪用得著這種野武樂？請他們下去吧！」

齊景公只好下令：「武樂退下，演奏宮中之樂。」於是許多戲子侏儒都上台表演，搔首弄姿，載歌載舞。

孔子又出面制止：「盟會是國際大典，怎可以如此胡鬧？迷亂諸侯罪當正法，請下令管事執行吧。」

齊景公只好下令，殺了台上的戲子侏儒。盟會結束之後，齊景公準備設享禮款待魯定公。孔子說：「齊國和魯國從前的典禮制度，您沒聽過嗎？盟會結束不設享禮，是為了不讓辦事人辛苦。享禮是用來發揚光大德行的。不能發揚光大，還不如不舉行。」

齊景公看孔子態度嚴正，不由得不敬畏動容，而沒有舉行享禮。景公回國後，內心很不安，他對大臣說：「魯以君子之道輔助國君，你們卻以夷狄之道慫恿我，因而失禮，這下怎麼辦？」

黎鉏說：「小臣該死！」

大臣說：「君子有過，就用具體事物來謝罪；小人有過則用敷衍回報，君上如果心裡不

---

⑪ 四方為少數民族的代稱，四方之樂即為蠻夷的樂舞。

安，就只好謹守盟約吧。」

齊景公說：「好吧！鄆邑、讙邑和龜陰邑歸還給魯國，用以謝罪。」

大臣說：「是。」

那年冬天，齊國歸還了鄆邑、讙邑和龜陰邑的土地。

魯定公十一年，孔子五十三歲。

魯定公問孔子：「國君使喚臣子，臣子事奉國君，該怎樣才可以呢？」

孔子說：「國君使喚臣子要有禮，臣子事奉國君要盡忠。」

魯定公問：「一句話，就可以使國家興旺，有這樣的話嗎？」

孔子說：「有人說：『做君難，做臣不易。』如果真能知道做君難，不就是一言而興邦嗎？」

魯定公又問：「一句話，就可以使國家滅亡，有這樣的話嗎？」

孔子說：「有人說：『當國君的快樂，就是說什麼話都無人敢違抗。』如果說的話正確而無人敢違抗，當然很好！如果說的話不對卻無人敢違抗，不就是一言而喪邦嗎？」

魯定公說：「說得好，說得好。」

魯定公想任命孔子為大司寇，準備召集孟孫、叔孫、季孫跟他們商議。

魯定公先跟左丘明商量：「我想任命孔子為大司寇，並且把魯國政事全授給他，我還想問問那三桓的意見。」

左丘明說：「孔子可說是個聖人，聖人主政，無論誰犯錯就得離開職位。大王想跟三桓商量，他們不會同意吧？」

魯定公說：「你怎麼知道？」

左丘明說：「三桓是既得利益者，你跟他們商量，有如與狐謀皮、與羊謀肉一樣，他們怎麼會同意呢？」

魯定公於是決定不與三桓商議，直接召請孔子到朝上，孔子跪於殿前。

魯定公命令道：「仲尼，你是宋父的兒子，弗父何的遠孫，你是魯國的孔丘，我任命你為大司寇。」

孔子謝道：「遵旨。」孔子由司空升為大司寇，從此魯國大治。

孔子當大司寇時，有父子二人來打官司，孔子將父子二人羈押在同一牢房，經過三個月也不判決。那位父親提出撤銷訴訟，於是孔子就把這父子二人放了。

孔子說：「審判案件，我跟別人一樣，最想做的是使人人都打消打官司的念頭。」

季桓子對於孔子的判決很不滿。他對孔子說：「你應該殺了這個兒子。」

孔子說：「不能殺，百姓還不知道子告父是一種不良行為。」

季桓子說：「你曾說治民以孝為本，如今殺了這個兒子，不就是剷除不孝行為嗎？」

孔子說：「不孝又不教育就殺了，是虐殺無辜。軍隊打了大敗仗，不可以誅殺士兵；牢獄審判沒管理好，不可以處刑。」

由於孔子實施：先教化後用刑罰，先陳述道理使百姓畏服。之前魯國有個名叫沈猶的羊販，清晨用水將羊灌飽，增重欺詐買家；有個名叫公慎的人，妻子淫亂他也不管；有個名叫慎潰的人，生活奢華超過禮法。

孔子當政時，沈猶不敢再賣灌水羊；公慎休掉妻子；慎潰逃出國境遷居別國。魯國一些專幹非法勾當的不肖之徒，都自動改過或離開魯國。由於孔子以德感人，以禮教民，社會上都尊敬老者。行人男女都分開走路，並且路不拾遺，夜不閉戶。孔子參與國政才三個月，販羊賣豬的商人就不敢哄抬價錢。四方旅客來到魯國，不向官吏請求，也會給予親切的照顧。

魯國有一個節儉吝嗇者，用瓦鍋煮食物，吃起來自認為味道很美。於是用一個小土缽砵，裝了一些瓦鍋煮的食物送給孔子。孔子接受了食物，高興得有如接受了牛羊佳饋。

子路說：「小土缽是很差的器物。用瓦鍋煮出來的食物也沒有什麼味道。老師您為什麼那麼高興呢？」

孔子說：「喜歡勸諫的人總會想到國君，吃到好東西的人總會想到親人。我看重的不是盛食物的器具，而是他吃到好東西時想到了我。」

孔子的馬廄被火燒了，孔子退朝回來，問道：「燒傷人了沒有？」不問馬有沒有燒傷。

孔子又急忙拜謝前來慰問的鄉人，鄉人慰問之後，孔子再一一回拜。雖然馬廄被燒不是大災禍，但也是相互哀弔之道。

魯定公十二年，孔子五十四歲。

這年夏天，孔子對魯定公說：「卿大夫家中不能私藏兵甲，封地不能建築百雉都城，這是古代的禮制。而季孫氏、叔孫氏、孟孫氏的城邑都逾越禮制，請削減他們的勢力。我希望把軍權收歸國有，建議把三桓的三都費邑、郈邑、成邑毀掉。」

魯定公說：「好。」

於是孔子便對三桓說：「我打算拆掉你們三家封邑城牆，以免再發生陽貨事件。」

孔子說：「大夫執掌國家大權，大夫的主管又數次叛亂，就得定罪。縣邑中有堅固的城池，封地裡收藏著甲兵，原因就在這裡。」

郈邑是叔孫氏的封地，費邑是季孫氏的封地，郈邑與費邑多次叛亂反抗朝廷，叔孫氏與季孫氏為削弱家臣勢力，都支持孔子的主張。

叔孫氏說：「把三邑城郭拆了也好，免得家臣以三都做根據地進行叛亂。」於是叔孫先把郈邑的城牆拆了。

季孫氏也下令：「公山不狃，即刻將軍隊撤離費城，我要拆掉費城。」

這時子路擔任季氏的家臣之長，準備毀掉三都。公山不狃跟叔孫輒討論：「可惡！季孫氏準備毀了我們的根據地，這該怎麼辦？」

叔孫輒說：「不妙，他怕我們坐大。」

公山不狃說：「一不做二不休，舉兵跟他們拚了！」

於是公山不狃、叔孫輒率領費邑人襲擊魯國國都。

子路得知叛軍消息，急忙回報：「不好了！公山不狃率領費邑的軍隊叛變了。」

魯定公和季孫等三個人避入季氏的宮室，登上武子之台。費邑人進攻，沒有攻克。費邑人攻到魯定公附近。孔子站在高台，下令：「申句須、樂頎！率兵下台攻擊他們。」

費邑人敗北。國人追擊，在姑蔑打敗他們。公山不狃、叔孫輒逃奔齊國，終於順利地把費城拆了。孔子準備繼續拆成城，但成城邑宰公斂處父對孟孫氏說：「拆了成邑的城，齊國必攻打魯國北邊門戶，況且成城是孟孫氏的保障，沒有成城等於沒有孟氏了，我打算抗命不拆。」

孟孫氏暗中支持公斂處父。墮三都的行動半途而廢。十二月，定公率兵包圍成城，但沒有攻下來。

魯定公十三年，孔子五十五歲。

孔子以大司寇的職務，並兼任相國代理執政，孔子臉上露出得意笑容。子路對孔子說：「聽說君子禍事臨頭，不慌張恐懼，好事到來也不喜形於色。」孔子說：「是有這句話，但是不也聽說過『樂其以貴下人』的話嗎？」

孔子執掌朝政七天，就在宮闕門外高台，誅殺了擾亂朝政的大夫少正卯，還在朝廷曝屍三日。

學生們都很擔心，進來問孔子說：「少正卯是魯國著名人士，先生才剛治理政事，為何就先殺了他？」

孔子說：「少正卯言論足以造成邪風，他的智謀足以迷惑群眾，他是小人中的梟雄，不可不殺。」孔子處死少正卯之後，魯國的社會邪風就被阻絕了。

這時，公伯僚在季桓子面前毀謗子路，子服景伯告訴孔子這件事。

孔子說：「季桓子雖被公伯僚迷惑，但我還有足夠力量，可以把公伯僚殺了陳屍街頭示眾。」

孔子說：「如果大道能實行是天命；如果大道將被廢止也是天命。公伯僚能把天命怎麼樣呢！」

各國聽到魯國大治，都擔心起來。

大臣對齊景公說：「孔子主政下去，魯國一定會稱霸，齊與魯最靠近，會先併吞我們。應設法破壞他們的改革，選一些漂亮的少女送給魯君吧。」

齊景公說：「好吧！就這麼辦。」於是齊國派人送八十位美女，一百二十匹駿馬給魯君。

季桓子說：「景公送來歌舞妓和駿馬，現在安置在魯城南面高門外邊。」

魯定公高興極了：「我們去看看。」

魯定公與季桓子果然沉迷其間，整日觀看玩賞，荒廢朝政。

子路對孔子說：「老師，我們可以離開了。」

孔子說：「魯國馬上要進行郊祭，如果國君還給大夫饋送祭祀烤肉，這還不算廢了朝中常禮，我還可以再待在這兒。」

然而魯定公與季桓子君臣二人，天天沉溺於聲色之中，日益荒淫。有時三天都不上朝聽政。春祭大典分祭肉給大夫，獨獨沒分給孔子。

子路說：「老師，季桓子的意思表達得很清楚，我們走吧。」

孔子說：「陽貨餘黨完全清除了，季孫氏地位鞏固，不會再重用我了，魯君又毫無實權，走了吧，我們走了吧。」

魯定公十三年十月清晨，孔子站在書桌前方，雙手作揖，恭敬地將辭呈置於桌上。孔子辭去魯國大司寇職務，轉身默默地離開大司寇公堂。

孔子帶著簡單家當走出家門，登車與隨行弟子駕牛車孤寂緩慢地前進，子路騎馬等在路口，待牛車通過之後再默默跟上。一路上顏回、曾晳、冉求、仲弓，愈來愈多的弟子一個個由四面八方慢慢加進來，漸漸地變成一串長長的隊伍。

這時弟子們自發性地齊聲唱誦：

學而時習之，不亦說乎？有朋自遠方來，不亦樂乎？人不知而不慍，不亦君子乎？

巧言令色鮮矣仁！

道千乘之國，敬事而信，節用而愛人，使民以時。

弟子，入則孝，出則弟，謹而信，汎愛眾，而親仁。行有餘力，則以學文。

沿路的魯國民眾看到這感人畫面，個個都默默流淚送別孔子。當晚，孔子一行人在城外屯地過夜，魯國樂師師己來為他送行。

師己說：「先生，不是您的過錯。」

孔子說：「你彈琴，我唱歌，我們合唱一首？」

師己說：「行。」

於是孔子唱道：「那些婦人的口，可以把大臣和親信攆走；接近那些婦女，可以使人敗事亡身。悠閒啊！悠閒！我只有這樣安度歲月！」

彼婦之口，可以出走。彼婦之謁，可以死敗。蓋優哉游哉，維以卒歲！

眾人聽了，都很感傷。

第二天清晨，一行人準備離開魯國時，孔子轉身面對魯國，五體投地跪拜親吻魯國的土

地良久，孔子熱淚盈盈地低頭祝誦：「這塊養我、育我的土地啊！仲尼要走了。」

孔子抬頭仰望泰山歎道：「巍巍泰山啊！請您庇佑我魯國這母親。泰山啊！我走了。」然後，起身坐上牛車朝向衛國出發，孔子邊走邊彈唱自己所作的曲子《將歸操》，孔子唱道：「**翱翔於衛，復我舊居。從吾所好，其樂只且。**」

飛翔於衛國藍天，跨過舊居。從吾所好，快樂陶然陶陶然。

巍巍泰山孤寂地矗立於車隊上空，幾隻飛鳥在天空鳴叫，像是在為孔子的離去哀聲歎息。師己返回曲阜後，季桓子問他：「孔子說了些什麼？」師己如實相告。

季桓子長歎一聲：「孔子離開魯國，是怪罪我們接受了齊國那群歌舞妓的緣故啊！」

五、周遊列國

魯定公十三年，孔子五十五歲。

孔子一行人抵達衛國邊界儀邑，鎮守儀邑邊界的長官求見孔子，儀邑的長官說：「君子到這裡，我都要求見。」

他見了孔子，出來之後說：「孔子的弟子們，不要在意官職，天下無道已經很久了，老天要你們的老師成為天下的聖人。」

衛國首都帝丘建築華麗，人車壅塞，一片繁榮景象。孔子一行人抵達衛都，冉求為孔子駕車。看到衛國人口很多，非常繁華。

孔子說：「衛國人民真多啊。」

冉求說：「人民多了，該做什麼？」

孔子說：「使他們富起來。」

冉求說：「人民富了之後，又該做什麼？」

孔子說：「教育他們啊！」

衛靈公為一代諸侯的佼佼者，由於他擅長識人，知人善任，提拔三個大臣仲叔圉、祝鮀、王孫賈，將衛國治理得很好。仲叔圉主管外交、祝鮀管理宗廟、王孫賈統率軍隊。這次孔子到衛國，由王孫賈負責接待，王孫賈問：「與其祈禱奇蹟，不如祈禱神明的賜福，是什麼意思？」

孔子說：「兩者都不對。如果犯下滔天大罪，怎麼祈禱也沒有用。」

接著，衛靈公於朝上接見了孔子，衛靈公問：「有人說：『君主策劃國政於朝廷，就能治好國家。』您認為怎麼樣？」

孔子說：「應該可以。愛人者則人愛之，惡人者則人惡之，能從自身得到啟發，就能從別人身上得到啟發。不出門能知天下者，就是能自我反省的人。」

衛靈公問：「你在魯國的官俸多少？」

孔子說：「粟子六萬小斗。」

衛靈公說：「我也比照魯國，給你粟子六萬小斗。」

孔子說：「謝謝。」

孔子寄住於子路的妻兄顏濁鄒家中，暫時在衛國安頓下來。衛國大夫公叔文子是孔子敬仰的賢者，公叔文子是衛獻公的孫子。

魯定公六年二月，魯定公侵入鄭國奪取匡地，這是為了晉國去討伐鄭國而攻打胥靡。去

的時候不向衛國借道；等到回來的時候，陽貨讓季桓子、孟懿子從衛國都城南門進入，從東門出去，駐紮豚澤。衛侯大怒，派彌子瑕追趕他們。

原本已經退休的公叔文子坐車去見靈公，公叔文子勸衛靈公說：「不要效法陽貨，讓陽貨作惡增多自行滅亡。」

衛靈公說：「好吧，就依你的建議。」

由於公叔文子出面建言，才化解了這場衛魯之戰。

孔子在衛國向公明賈打聽公叔文子。孔子說：「公叔文子真的不說、不笑、不取嗎？」

公明賈說：「這話說得過分了。公叔文子該說時才說，人不厭其說；快樂時才笑，人不厭其笑；該取時才取，因此人不厭其取。」

孔子說：「原來如此。」

公叔文子的家臣僎有賢才，他推薦僎當衛國大夫，與他平起平坐。孔子知道了這件事以後說：「公叔文子氣度這麼好，將來可以用『文』諡號了。」

孔子在衛國大約住了十個月，因有人在衛靈公面前讒言，衛靈公對孔子起了疑心，派公

孫佘假公開監視孔子的行動，孔子擔心會出事惹禍，便離開衛國前往陳國。

經過匡邑時，顏刻替孔子趕車。顏刻對孔子說：「以前我跟陽貨就是從那缺口攻進來的。」

旁邊的匡人聽到了，誤以為陽貨真的又來了，大叫：「不好了！陽貨又來了，陽貨這壞蛋又來了！」

陽貨曾欺虐匡人，孔子又長得很像陽貨，匡人就把孔子一行人圍困起來。

孔子說：「周文王已經死了，文化不就在我這兒嗎？如果天意要毀掉文化，我死了，後人便不能瞭解文化了。如果天意不想毀掉文化，匡人又能把我怎麼樣呢？」

子路大怒，舉起戟要與匡人簡子戰鬥，孔子制止子路。

孔子說：「哪有修仁義而不原諒世俗之惡呢？不研究詩書，不學習禮樂，是我的過錯。如果把傳述先王，愛好古代美德當成罪惡，就不是我的罪過。這大概是命吧！」

顏刻說：「匡人圍困不退，該怎麼辦？」

孔子說：「不要怕，拿出琴來。」

顏刻說：「是。」

孔子說：「子路啊！我彈琴你舞劍，我們一起表演琴舞。」

子路拔劍笑道：「是的，老師。」

孔子便開始彈琴，唱著自己創作的樂曲《琴操》：

習習谷風，以陰以雨。之子于歸，遠送於野。

何彼蒼天，不得其所？逍遙九州，無所定處。

世人闇蔽，不知賢者。年紀逝邁，一身將老。

習習冷冽谷風，時而陰時而雨。伊人遠嫁他鄉，送別直到郊野。

且問茫茫蒼天，斯人不得其所？逍遙偌大九州，為何無所定處？

世人愚昧無知，不識出世賢者。年月悄然逝去，一身隨之老朽。

子路持劍跳舞，一邊應聲和唱，優美的琴音傳到外面。

匡人聽到了，說：「陽貨是個粗人，怎麼會彈琴？」

「他怎麼會那麼鎮定，還彈琴呢。」

「這個人不像陽貨嘛。」

於是派人打聽，才知道是一場誤會。匡人說：「對不起，我們誤以為你是陽貨，認錯人了。」匡人圍困十五天之後，終於自動解圍了。

孔子對子路說：「沒看到高崖，怎知道從崖頂墜落的災禍？沒靠近深淵，怎知道溺水的災禍？沒觀看大海，怎知道海浪的災禍？失掉性命不就在此嗎？士人慎重看待這三者，自己就不會身陷災禍！」

顏回在慌亂中失散了，之後才回來會合。

孔子說：「我以為你在亂中遇害了。」

顏回說：「老師您還健在，我顏回怎敢輕易地死去呢？」

於是孔子就離開了匡，再回到衛國。一行人路過蒲地時，剛好遇上公叔氏佔據了蒲邑背叛衛國，蒲人就攔住了孔子。

有位名叫公良孺的門生，帶了五輛車子跟隨孔子周遊各地。公良孺身材高大，有才德，且有勇力。

公良孺說：「我公良孺跟著老師在匡遇難，如今又在這裡遇上危難，這是命吧？我和老師一再遭難，寧願跟他們拚死算了」

蒲人跟孔子說：「這樣好了，我們立個約，你們離開蒲邑之後不去衛國，就放你們走。」

孔子說：「好吧，一言為定。」

蒲人說：「大家讓路，讓他們離開！」

孔子一行人離開蒲邑，孔子說：「別理會諾言，我們往衛國走。」

子貢說：「老師，約定好的條件可以不遵守嗎？」

孔子說：「在脅迫下訂的盟誓，神明是不會認可的。」

子貢說：「是的，老師。」

魯定公十四年，孔子五十六歲。

衛靈公聽說孔子來了，很高興，親自出城迎接。衛靈公問孔子說：「蒲可以討伐嗎？」

孔子回答說：「可以。」

衛靈公說：「我的大夫認為不能伐蒲，因為蒲是衛國與晉楚之間的屏障，攻打蒲邑，不利於衛國的邊防。」

孔子說：「蒲邑的男子誓死效忠衛國，婦女有守衛西河的決心。我所說的討伐，只是

四、五個蒲邑的叛亂分子而已。」

衛靈公說：「很好。」

但衛靈公還是沒出兵討伐蒲邑的叛亂，他年紀已經很大了，老得懶於處理政務，也不起用孔子。

孔子感歎道：「如果有人用我來掌理國政，一年就會有成效，三年就能有具體成果。」

這段時間孔子寄住蘧伯玉家中，蘧伯玉是衛國大夫，他自幼聰明過人，飽讀經書，能言善辯，外寬內直，生性忠恕，虔誠坦蕩。

蘧伯玉每一天都思考前一天所犯的錯誤，力求使今日之我勝於昨日之我；他每一年都要思考前一年的不足，當他五十歲那年，仍然在思考四十九歲之前所犯的過失。蘧伯玉與孔子一生為摯友。兩人分別出仕於魯國和衛國時，就曾互派使者致問。這次孔子從外地回到衛國，他已年高隱退，孔子與蘧伯玉二人更是無事不談。

孔子說：「蘧伯玉可算是君子啊！國家政治清明時，他就出來做官；國家政治昏亂時，就收藏起自己的才能隱退。知識方面我算還不錯；品德修養方面我還做得不夠好。」

有一天，蘧伯玉派人來拜望孔子，孔子請使者坐下，然後問使者說：「蘧先生最近在做什麼？」

使者回答說：「先生設法減少自己的缺點，可卻苦於做不到。」

使者走了以後，孔子說：「好一位使者啊！他很瞭解蘧伯玉啊！」

孔子借用蘧伯玉的家設帳授徒，很多衛國子弟到學堂拜孔子為師，衛國一位家境富裕，擁有千金財產，善於做生意的子貢也來跟孔子學習。

子貢拜孔子為師後，問孔子說：「一個人如果所有的鄉人都喜歡他，如何呢？」

孔子說：「還很難說。」

子貢又問：「所有的鄉人都厭惡他，如何呢？」

孔子說：「還很難說。最好的人應該是：全鄉的好人都喜歡他，全鄉的壞人都討厭他。」

子貢問：「老師，您覺得我怎麼樣？」

孔子說：「你像個有用的器物。」

子貢說：「像什麼樣的器物？」

孔子說：「就像宗廟裡的寶器瑚璉呀！」

子貢又問孔子：「請問君子以白玉為貴，以彩色美石為賤，這是為什麼呢？是因為白玉少，而彩色美石多嗎？」

孔子說：「並不是因為白玉少就認為它貴重，也不是因為彩色美石多而輕賤它。從前君子把德行比作玉。玉溫潤有光澤，像仁；細密堅實，智也！有稜角不傷人，像義；懸垂下墜，禮也！敲打它，聲音清脆悠長，最後戛然而止，樂也！玉性瑕不掩瑜，瑜不掩瑕，忠也！玉色晶瑩剔透，光彩四溢，信也！玉白潤透光，氣有如長虹，天也！玉的精氣顯現於山川之間，地也！朝廷以玉製珪璋做為憑信，德也！天下莫不以玉為貴，像人們尊崇道一樣。《詩經》說：『想起那位君子，溫和有如美玉。』所以君子以玉為貴。」

子貢說：「如果有一塊美玉，應該把它收藏在櫃子裡？還是給識貨的人呢？」

孔子說：「賣掉吧！賣掉吧！我正在等著識貨的人呢。」

又有一天，衛國大臣到蘧伯玉家中拜見孔子。

衛臣說：「各國君子只要跟我國有交情，必定會晉見衛夫人南子，我們夫人想見你。」

子貢問政。子曰：「足食，足兵，民信之矣。」子貢曰：「必不得已而去，於斯三者何先？」曰：「去兵。」子貢曰：「必不得已而去，於斯二者何先？」曰：「去食。自古皆有死，民無信不立。」

顏淵第十二—七

子貢問處理政事的道理。
糧食充足，軍備充實，人民信任政府。
1

在不得已的情況下，這三項事情哪一項可以先去掉？
2
先去掉軍備。
3
再不得已，剩下的兩項哪一項可以去掉？
4
去掉足食這一項。
自古以來，人總免不了一死的，可是假如政府失信於民，那什麼都無法建立。
5

禮。

孔子答應跟衛夫人相見，孔子進入衛夫人宮室，向北跪拜行禮，衛夫人在帷幕裡回拜答

孔子出來之後，子路很不高興地說：「這種女人有什麼好見的？」

孔子說：「我本來不預備見她，既然不得已見了，就得還她以禮。」

孔子說：「我若有絲毫不光明之處，讓上天罰我吧！讓上天罰我吧！」

過了一個多月，有一天衛靈公和夫人同坐一輛車子遊市區，孔子和宦官雍渠乘坐由顏刻駕車的第二部跟著。車子經過鬧區時，衛國民眾相互推擠觀看南子：「好美！」「美極了！」「好漂亮！」

很少有人往後看孔子，孔子感到恥辱。顏刻說：「老師為何為此羞恥呢？」

「《詩經》說：『**覯爾新婚，以慰我心。**』」孔子歎道：「我沒見過喜好美德如同喜歡美色一樣的人啊！」

顏刻說：「的確如此。」

孔子對這一切感到失望，就離開衛國前往晉都中牟。

佛肸原本是晉國大夫趙簡子的家臣，後來佛肸當了晉都中牟宰。趙簡子攻打范氏、中行氏，討伐中牟時，佛肸佔據中牟發動叛亂。佛肸把一口大鼎放在庭院裡，告訴士大夫們說：「順從我的人接受封邑，不順從我的人將他烹死。」

中牟城的人都順從了他。城北剩下一個男子名叫田卑。只有他最後到，拉起衣服準備自己投入鼎中。

田卑說：「按道義應該死，就不逃避斧鉞的懲罰；不該接受高官厚祿。違背道義而生存，還不如下油鍋。」

佛肸被他正義凜然的態度感動了，便出手制止他。後來，佛肸想以中牟為基礎反叛趙簡子，便派人召請孔子。孔子準備去中牟邑會見佛肸，子路非常不滿。

子路說：「我聽老師說過：『做壞事者之處，君子是不去的。』現在佛肸佔據中牟反叛趙簡子，您還想去，這是為什麼呢？」

孔子說：「我是說過這句話。但我不也說過『堅硬之物磨不薄；潔白之物染不黑。』難道我只是中看不中吃的匏瓜？怎能老是掛著不給人吃呢？」

最後，孔子還是尊重子路的意見，沒去中牟會見佛肸，決定先回魯國。後來，趙簡子打敗佛肸平定中牟，聽說田卑不肯附和叛賊，要賞賜他。

田卑說：「我聽說正直的人不使別人受羞辱，如果我領受平定中牟的功勞，那麼中牟的人終身都會感到羞愧，如果我以自己的德行凌駕他人之上，是不道德的。」

他推辭了賞賜，背著母親向南遷移到楚國。楚王敬重他能堅持道義，以司馬的職位接待他。

孔子返回魯國的半路上，把車停在橋上，跟子貢一起走到岸邊欣賞風景。孔子與子貢在河邊，看著河水滔滔向東流。孔子感歎說：「世間一切的消逝，也就是像這樣吧！不分日夜，永無止息。」

子貢說：「是啊，時光荏苒，永不止息。」

孔子說：「君子應該時常觀水。」

子貢問：「為何君子要觀水？」

孔子回答說：「因為河水奔流不息，帶來生命而不居功，水像德！水所到之處，萬物生長，水像仁！水曲直流動，遵循一定之道，水像義！水廣大無邊，無有窮盡之時，水像智！水流向百仞深谷，無所畏懼，水像勇士！水作標準衡量時，必持水平，水像正法！水盈滿時不必用概來利平它，水像君子！水有這些品德，君子見到水，便非觀賞不可。」

這時，孔子看到前方岸邊有個瀑布高三十仞，瀑布下面翻騰水流九十里長，魚鱉鱷魚不敢居，但有一個男子卻準備游過去。孔子便派子貢到岸邊勸阻，子貢跑到岸邊對那個人高喊：「這瀑布高三十仞，下面翻騰水流九十里長。連魚鱉鱷魚都不敢居，是難以游過去的。」

然而，那位男子不把孔子的話放在心上，很快就游過去了。

孔子問他說：「你這是巧技呢？還是有道術？為何你能在急流中出入？」

男子回答說：「我進入水中時，心存忠信之心。從水中出來時，也心存忠信之心。是忠信之心使我平安進出於急流，我心中不敢存有私心，這就是我能出入急流的原因吧！」

孔子對弟子們說：「你們記著，水都能使人憑忠信之心而親近它，何況是人呢！」

有一天，孔子在路上遇到郯國賢士程子，於是把車傘靠在一起交談一整天，談得非常融洽。孔子對郯國文化原本就非常景仰，孔子年輕時郯國國君郯子曾朝拜魯國，當時孔子感歎說：「我聽說天子喪失官學，學問存四夷諸侯。今天聽了郯子一席話，證明這話真實可信。」

難得有機會遇上郯國賢士，孔子很高興，便回頭對子路說：「拿一本書送給程先生。」

子路說：「我聽說君子沒經人介紹就與人見面，如同女子沒有媒人就嫁人，是不合乎禮制的。」

過了一會，孔子又回頭對子路說：「拿一本書送給程先生。」

子路又說：「依禮規定：君子沒經人介紹，是不可以互相交往的。」

孔子說：「子路！《詩經》不是也說過：『**有美一人，清揚婉兮。邂逅相遇，適我願兮。**』眼前這位程先生，是天下賢士，在這裡不送書給他，以後便再也見不到了。你趕快拿本書送給程先生吧。」

子路說：「是的，老師。」

魯定公十五年，孔子五十七歲。

這一年，孔子離開衛國回魯國居住，從遠方來向他學習的人日益增多。

孔子問子路說：「什麼是智者？什麼是仁者？」

子路回答說：「智者使別人瞭解自己，仁者使別人熱愛自己。」

孔子說：「你可算得上是士人了。」

子路出去後，子貢進來。孔子問子貢說：「什麼是智者？什麼是仁者？」

子貢回答說：「智者理解別人，仁者關愛別人。」
孔子說：「你可算得上是士君子了。」
子貢出去後，顏回進來。孔子問顏回說：「什麼是智者？什麼是仁者？」
顏回說：「智者有自知之明，仁者自尊自愛。」
孔子說：「你可以算得上是賢明君子了。」
顏回說：「學生不敢。」
子貢說：「老師講授的學問，用心聽便能學會；老師講授的人性和天道，不是光靠聽便能理解的。」
孔子說：「只有最聰明和最愚蠢的人，是不可以改變的。生下來就知道的，是上等資質；經過學習然後知道的，是次一等資質；發憤苦學逐漸通曉，是再次一等的；至於下苦心才能學得會卻懶惰不學，是最下等的了！知道要學習，不如愛好學習；愛好學習，不如能自得其樂地學習。學習而不思考，還是惘然無所知；空想而不學習，不可能累積知識。我並不是生下來就什麼都知道；我只是好讀古書，用敏捷的心思勤快研究罷了。我也曾經整天不吃，整夜不睡，專心思考；但徒勞無功，還不如認真去學習的好。」

子曰：「莫我知也夫！」子貢曰：「何為其莫知子也？」子曰：「不怨天，不尤人，下學而上達。知我者，其天乎！」
憲問第十四—三十七
1
沒有人能夠瞭解我吧！
為什麼沒有人能夠瞭解老師呢？
2
我既不怨恨天，也不責怪人，只是從人事上去學習，
3
從淺近處下工夫，漸漸能向上領悟天理。
4
瞭解我的恐怕只有天吧！

先進於禮樂
先進第十一—一

1
先學習禮樂而後再做官的人是平民；
2
先當官再學習禮樂是貴族子弟。
3
選用人才，我主張選用先學習禮樂的人。

這年春天，邾隱公由齊國來朝拜魯國，邾隱公是邾國君主第十七代君主，他在位十九年，被吳國俘虜廢黜，後來逃到齊國。子貢特地趕到現場，觀看邾魯兩國君主的拜會大典。邾隱公高高地把玉舉起，仰著頭；魯定公卑微地接受了玉，低著頭。

子貢回來後，跟孔子說：「從禮節來看他們，兩位君主大概要死亡了。禮是生死存亡根本。率領左右與人交往，進退俯仰都應合乎於禮！朝拜、祭祀、喪葬、出征，從中看出禮節。如今正月互相朝拜，都不合乎禮的法度。朝拜之禮不合法度，怎能活得長久？」

孔子說：「你看出了什麼？」

子貢說：「頭高仰是驕傲；頭低俯是懦弱。過度驕傲近乎作亂，過度懦弱則近於病弱。如果是君主，大概是死亡的先兆吧？」

這一年，邾隱公果然被吳國俘虜廢黜，同年夏天五月，魯定公死於寢宮，隔年正月，魯哀公即位。

孔子說：「子貢不幸言中，但子貢還是話多。」

魯哀公元年，孔子五十八歲。

這一年，吳伐越，吳國在會稽打敗了越王勾踐，摧毀了越國國都會稽，得到一根骨頭有一輛車長。吳國派使者來問孔子：「什麼骨頭最大？」

孔子說：「大禹召集諸臣到會稽山，防風氏遲到，大禹殺了他並陳屍示眾，他的骨頭一節就有一車長，這是最大的骨頭了。」

吳國的使者又問：「請問誰是守護神？」

孔子說：「山川之神足以造福天下，守護山川的就是神。守護社稷的是公侯、王者。」

吳使又問：「防風氏守護什麼？」

孔子說：「於汪芒氏之君，封嵎山的守護神姓漆。在虞夏商時代的守護神叫作汪芒，在周叫長翟，現在稱之為大人。」

吳使問：「他們身長有多高？」

孔子回答說：「僬僥氏身長三尺，是最矮的了；身長三丈算是最高的了。」

吳國使者聽了之後說：「了不起呀，聖人！」

魯哀公二年，孔子五十九歲。

魯哀公二年，孔子由魯國又回到衛國，一行人抵達衛都時，看見兩個小孩在街上爭辯。

孔子下車問道：「你們在爭辯什麼？」

一個小孩說：「我認為太陽升起時離人近，中午時離人遠。」

另一個小孩說：「我認為太陽剛出來時離人遠，中午時離人近。」

第一個小孩說：「早上的太陽大得像車傘，中午的太陽只有碗那麼大，這不就證明遠的小，近的大嗎？」

另一個小孩說：「太陽剛出來時很涼的，到中午時很熱，這不就證明近的熱，遠的涼嗎？」

孔子笑道：「你們說得都有道理。」

孔子和弟子說：「後生可畏；我們怎料得到他們的將來比不上我們呢？不過，如果一個人到四五十歲還沒有成就，那麼他便不足以敬畏了！一個人四十歲時，還顯現惡行，他的這一生也就做不出什麼好事了！」

孔子回到衛國，再次寄住蘧伯玉家中。有一天，衛靈公召請孔子到殿上問政。

衛靈公問：「請問，軍隊應該如何布陣？」

孔子說：「關於祭祀典禮的事，我倒聽說過；至於軍隊布陣，我卻不曾學過。」

過些日子，衛靈公又和孔子談話，衛靈公說：「可惜我老了，不能用你了。」

孔子說：「喔，是嗎？」

衛靈公看見天上大雁飛過，衛靈公只顧抬頭仰望大雁，神色不悅，並不注意孔子。

冉求在堂外問子貢說：「老師會輔佐衛國國君嗎？」

子貢說：「嗯，等一下我問他。」於是子貢便進去問孔子：「伯夷、叔齊是什麼樣的人呢？」

孔子說：「是古代的賢人。」

子貢又問：「他們有怨悔嗎？」

孔子說：「他們求仁得仁，為什麼要怨悔呢？」

子貢出來對冉求說：「老師不會幫助衛君的。」

第二天，孔子對弟子們說：「我們到晉國去吧。」果然如子貢所言，孔子一行離開衛國往晉國出發，過黃河到晉國會見趙簡子。

晉國趙簡子想稱霸諸侯，他說：「晉國有竇鳴犢與舜華，魯國有個孔丘，只要除掉這三個人，那麼我就可以圖謀天下了。」

於是召請竇鳴犢與舜華，並把政權交給他們處理，最後又藉機殺死他們兩人。趙簡子派人依禮手執寶玉錦帛去請孔子，並偷偷跟使者說：「等孔子上船，船渡到黃河一半時，將他推下淹死他。」

使者說：「是的，大王。」

這一天，孔子到了黃河邊，聽到竇鳴犢與舜華兩位大夫被趙簡子殺害的消息。面對黃河，孔子感慨萬千地歎氣道：「太美了，河水浩浩蕩蕩！我不能渡過黃河，這可能是命運吧！」

子貢說：「這是為什麼呢？」

孔子說：「君子忌諱傷害同類，鳥獸對不義之行尚且避開，何況是我？」

孔子沒上船渡黃河到晉都會見趙簡子，掉轉車頭回衛國，創作《陬操》這首琴曲哀悼竇鳴犢、舜華兩位賢人。

周道衰微，禮樂陵遲。文武既墜，吾將焉歸。
周遊天下，靡邦可依。鳳鳥不識，澤寶梟鴟。
眷然顧之，慘然心悲。巾車命駕，將適唐都。
黃河洋洋，攸攸之魚。臨津不濟，還轅息鄹。
傷於道窮，哀彼無辜。翱翔於衛，復我舊廬。
從吾所好，其樂只且。

這年夏天，衛靈公死了，他的孫子輒立為國君，這就是衛出公。六月間，趙簡子把流亡在外的衛靈公太子蒯聵接到戚地。陽貨讓太子蒯聵穿上孝服，又讓八個人披麻帶孝，扮成從衛國來接太子回去奔喪的樣子進入戚城。

孔子在衛國時，有一天接到宋景公的邀請，便動身前往宋國。宋國大夫子罕引薦孔子去見宋國太宰，孔子拜見後，太宰問：「您是聖人嗎？」

孔子說：「聖人我不敢當，我只是個博學多識的人。」

宋國太宰又問：「三王夏禹、商湯、周武王是聖人嗎？」

孔子說：「三王善於任用聰明勇敢的人，至於是不是聖人我不知道。」

太宰又問：「五帝黃帝、顓頊、帝嚳、堯帝、舜帝是聖人嗎？」

孔子說：「五帝善於任用講仁義的人，五帝是不是聖人我不知道。」

太宰又問：「三皇女媧、伏羲、神農是聖人嗎？」

孔子說：「三皇善於任用依靠時勢的人，至於三皇算不算是聖人我不知道。」

太宰聽後大驚道：「既然如此，那麼誰算聖人？」

孔子說：「西方有個聖人，不治理社會也不亂，不多話民風更真誠，不教化歷史自發展，其德浩蕩於天地之間，百姓無法稱頌美名。我懷疑他可能就是聖人。」

孔子拜退之後，太宰感歎地說：「孔丘是位聖人啊。」

孔子與太宰會面相談出來之後，子圉進去問太宰說：「孔子怎麼樣？」

太宰說：「我見了孔子後再看您，就覺得你像跳蚤那麼渺小。我現在要推薦他去見國君。」

子圉怕孔子被國君看重，就對太宰說：「國君見到孔子後，也會把您看成跳蚤那麼渺小。」

太宰說：「嗯，的確如此。」宋國太宰因而不肯推薦孔子見國君。

宋景公與孔子原本同宗同族，宋景公知道孔子已抵達宋國境內，準備出城迎接孔子。宋國司馬桓魋生怕孔子來了之後，會取代他的地位。

桓魋對宋景公說：「孔丘在魯為大司寇，卻辭官出走，可見他的野心不小。孔子師徒不速而自來，狼子野心豈不昭然若揭？」

宋景公說：「孔子是當今聖人，哪會做犯上作亂之事？」

桓魋說：「不，請孔子入宋，無異於引狼入室。」

宋景公說：「喔，是這樣嗎？」

而後，桓魋竟然不經宋景公同意，帶領人馬到邊境圍困孔子。

孔子在宋國邊境一棵大檀樹下，為弟子們講學。桓魋騎戰馬衝進來，舉著劍指著檀樹，高喊：「孔丘！快給我滾開！再不走的話，下場有如此樹！」說罷一揮劍，頃刻間，檀樹轟然倒下。

弟子說：「老師，我們快走吧。」

孔子說：「上天既賦予我道德使命，桓魋又能把我怎樣？」

弟子說：「老師，形勢比人強，我們還是走吧。」於是孔子與弟子們一行人，便匆匆離開宋國邊境，前往陳國。

魯哀公三年，孔子六十歲。

孔子帶著弟子們要到陳國，半路上看見一個孩子用土圍成了一座「城」，自己坐在裡面。

子路說：「小童走開，別礙著路。」小孩還是坐在小小城裡，安然不動。

孔子下車問他：「你看見車馬經過，為何不躲開？」

那孩子回答：「人們說您孔老先生上曉天文，下知地理，中通人情。」

孔子說：「是啊。」

孩子說：「自古到今，只聽說車子躲避城，哪有城躲避車子的道理呢？」

孔子愣了一下，問：「你叫什麼名字？」

孩子答道：「我叫項橐。」

孔子俯下身對項橐和藹地說：「後生可畏，我當拜你為師。」然後回頭對弟子們說：「三人行必有我師矣，要不恥下問。」

一行人路經鄭國時，孔子在鄭國都城與弟子們失散了，獨自在東門等候弟子來尋找。

有人告訴子貢說：「東門那裡站著一個人，額頭像唐堯，脖子像皋陶，肩膀像子產，腰以下比禹短了三寸，一副疲憊的樣子，有如一隻喪家之犬。」

子貢終於找到孔子：「老師！」

孔子笑著說：「說我的形貌像誰像誰，實在不敢當。但說我像喪家之犬，真是對極了！真是對極了。」

孔子到了陳國，寄住陳國大夫司城貞子家中，陳侯湣公在賓館招待孔子。有一天，有很多隻隼，掉進陳國宮廷中死了，陳湣公派使者向孔子請教，孔子說：「隼來自很遠的地方，身中肅慎之矢。從前周武王伐紂滅商，與各少數民族聯繫，九夷百蠻也不忘各族合力伐紂的義務。」

孔子說：「肅慎族獻出楛矢石砮，長一尺八寸。周武王為了顯示他的美德，就把箭矢分給大姬，大姬後來嫁給陳國虞胡公。分給同姓珍玉，是為了重視親族；分贈蠻族貢品給諸侯，是為了令他們不忘服從周室。所以把肅慎族的箭矢分給陳國。」

陳湣公聽了，令人到倉庫中尋找，果然找到這種箭。

孔子到達陳國首都不久，陳湣公邀請孔子同登即將竣工的陵陽台。在此之前因工程緩慢，已有多人被殺，這次陳湣公又打算殺掉三名監工。

陳湣公問孔子：「周文王時建造靈台時殺人嗎？」

孔子說：「文王建造靈台時，百姓如兒子替父親幹活，哪用得著殺人？」

陳湣公聽後感到很羞愧，當眾釋放這三名監吏，並宣布工程停止。這年夏天，五月二十八日，魯國司鐸官署發生火災。火勢越過哀公的宮殿，桓公和僖公廟被燒毀，南宮敬叔趕去救火。消息傳到陳國時，湣公正和孔子一起飲宴。

陳湣公說：「魯國的司鐸府發生火災，殃及宗廟。」

孔子說：「殃及的宗廟一定是魯桓公和魯僖公的廟吧？」

陳湣公問：「你如何猜測的？」

孔子說：「如果祖宗有德，就不會毀壞宗廟；如今桓公和僖公與後代沒有親屬關係，他們的功德不足以保存宗廟，魯國不毀掉它們，所以老天降災在他們身上。」

三天後，魯國使節到了陳國，陳湣公問起這事，果然就是桓公和僖公的宗廟遭了災。

陳湣公對子貢說：「我今天才知道聖人的可貴。」

子貢回答：「知道聖人可貴，還不如採用他的道，推行聖人的教化。」

過了一年多，晉國趙簡子攻打朝歌，楚國包圍了蔡國，晉楚兩國爭強，一再來攻打陳國；蔡國遷移到吳地。吳王夫差也侵犯陳國，奪取三個城邑才退兵。

這年秋天，季桓子病重，乘輦車看見魯城，感慨地長歎一聲說：「從前這國家幾乎要興旺了，但由於我得罪孔子，而沒有興旺。」回頭又對他的嗣子季康子說：「我死後，你會接掌魯相之位，輔佐國君；你輔佐國君之後，一定要召回孔子。」

季康子說：「是的，父親。」

過幾天季桓子死了，季康子繼承了他的職位。辦完喪事後，季康子想召回孔子。大夫公之魚說：「從前先君魯定公曾任用孔子，但沒能有始有終，最後被諸侯恥笑。現在你任用孔子，如果也不能善終，會再次招來諸侯的恥笑。」

季康子說：「那麼應該召誰才好？」

公之魚說：「要召冉求。」於是就派人召回冉求，冉求準備起程回魯國。孔子說：「這次魯君召冉求回去，不會小用，應該會重用他。」

子貢送行時叮囑冉求說：「你要是被重用了，要設法把老師請回去。」

冉求離去之後，孔子又從陳國移居蔡國。這年秋天，齊景公死了。蔡國也發生戰亂。同年冬天，蔡國遷都到州來。齊國為了幫助衛國包圍戚城，因為衛太子蒯聵以戚城做為謀反衛國的基地。

幾年前，蔡昭侯向南拜見楚王，穿著羔裘皮衣，楚國丞相囊瓦向蔡昭侯索求羔裘皮衣，蔡昭侯不給。於是蔡昭侯就被囚禁在南郢，三年以後才被放回去。

蔡昭侯離開楚國來到黃河邊，把一塊璧玉丟進水中發誓：「如果天下有誰要攻打楚國，寡人願意做先頭部隊！」

楚王聽說此事，非常生氣，便派囊瓦興師討伐蔡國。蔡昭侯聽說伍子胥在吳國，準備到吳國求救，蔡國大夫公孫翩在半路射殺蔡昭侯，於是蔡國陷入動盪不安。

魯哀公六年，孔子六十三歲。

孔子在蔡國住了三年，在這段期間，孔子也陸續收了很多學生。風和日麗的清晨，建於竹林中的孔子學堂，一大群學生正端坐長廊唱誦經文：

君子食無求飽，居無求安，敏於事而慎於言，就有道而正焉，可謂好學也已。

不患人之不己知，患不知人也。詩三百，一言以蔽之，曰「思無邪」。

學而不思則罔，思而不學則殆。

有一天，顏淵和子路在竹林草堂陪侍孔子。

孔子說：「何不各說說自己的志願呢？」

子路說：「我願意把我的馬、車、衣、裘和朋友共享，就是用壞了也不怨恨。」

顏淵說：「我願不誇耀自己的長處，不表白自己的功勞。」

子路說：「我們也想聽聽老師的志願。」

孔子說：「我願意讓年老的人都能得到奉養而安樂，朋友之間互相信賴，年少的人都能得到撫愛。」

子路說：「哇！老師的志願最高。」

孔子說：「學生們，你們以為我對你們有什麼隱瞞嗎？我沒有隱瞞，我沒有什麼不是同你們一起做的，孔丘就是這樣的人。」

孔子說：「不要因為我比你們年長而拘束。你們總是說：『沒有人瞭解我！』如果有人瞭解你們，那你們將怎樣做呢？」

子路不假思索地答道：「擁有一千輛兵車的國家，夾在大國中間，外有強敵，內有饑荒，讓我治理三年，必能使人民個個有勇氣，百姓人人講道義。」

孔子聽完微微一笑，然後接著問冉求：「冉求，你怎樣？」

冉求回答說：「方圓六七十里或五六十里的小國，讓我治理三年，便可使老百姓人人富足。至於禮樂的教化，則有待君子來推行了。」

孔子問：「公西赤！你怎麼樣？」

公西赤回答說：「我不敢說能做什麼，但我願意學習祭祀和外交的事，我願穿著禮服，當個小司儀。」

孔子問：「曾皙，你的志向是什麼？」

曾皙彈瑟正接近尾聲，他鏗地一聲放下瑟站起來說：「我與他們三位不同。」

孔子說：「說說有什麼關係？只不過各自談談志向而已。」

曾皙說：「暮春三月穿上春衣，約五六個好友，帶上六七個童子，在沂水裡洗洗溫泉，在舞雩台上吹吹風，然後一路唱著歌走回來。」

孔子感歎說：「我欣賞曾皙的情趣。」

其他三人走後，曾皙問：「他們三人的話怎樣？」

孔子說：「只不過是各自談談志向罷了。」

曾晳問：「那麼老師您為何要笑子路呢？」

孔子說：「治國需要謙虛禮讓，子路的話一點也不謙虛，所以笑他。」

曾晳問：「冉求談的是治國嗎？」

孔子說：「誰說方圓幾十里的地方，就不是國家呢？」

曾晳問：「公西赤談的是治國嗎？」

孔子說：「祭祀和外交不是國家大事是什麼？如果公西赤只能當小司儀，還有誰能當大司儀？」

有一次，孔子北遊到農山，子路、子貢、顏淵隨侍在側。孔子向四面望了望，感歎地說：「在這裡專心思考，什麼想法都會出現啊！你們談談自己的志向，我來做講評。」

子路走上前說道：「我希望能有一個機會：白色的指揮旗像月亮，紅色的戰旗像太陽，鐘鼓之聲響徹雲霄，旌旗盤旋飛舞。我率領一隊人馬抵抗敵人，必能奪取千里之地，拔去敵人旗幟，割下敵人耳朵，這種事只有我能做到。老師，您讓子貢和顏淵跟著我吧。」

孔子說：「子路多麼勇猛啊！」

子貢也走上前說道：「我願出使齊楚交戰的原野，兩軍的營壘遙遙相對，揚起的塵土連成一片，士兵們揮刀交戰。我穿著白色衣帽，在兩國之間遊說，論述交戰的利弊關係，以解除國家災難。這種事只有我能做到。老師，您讓子路、顏淵跟著我吧。」

孔子說：「子貢多麼有口才啊！」

顏回後退沒說話。孔子說：「顏回！你過來，為何只有你沒有志向呢？」

顏回回答說：「文武之事，子路和子貢都已經說過了，我還能說什麼呢？」

孔子說：「雖然如此，還是各說自己的志向，談談你的志向吧！」

顏回說：「我聽說薰草和蕕草不能放進同一個容器，堯和桀不能共同治理一個國家，因為他們不是同類人。」

顏回說：「我希望聖王能輔助他們，向人民宣傳五教，以禮樂教導人民，使百姓不修築城牆，不逾越護城河，武器改鑄為農具，平原放牧牛馬，婦女不擔心丈夫離家，千年無戰爭之患。這樣子路便沒有機會施展勇敢，子貢便沒有機會運用口才了。」

孔子表情嚴肅地說：「多麼美好的德行啊！」

子路舉手問道：「老師認為誰的志向最好？」

孔子說：「不傷財物，不危害百姓，不花太多言辭，只有顏回的志向具備了這些理想！」
子路說：「希望聽聽老師的志願。」
孔子說：「顏回的想法就是我的志願，我希望穿著布衣，戴上帽子，去做顏回的家臣。」
孔子對子貢說：「你與顏回哪一個比較強？」
子貢說：「我怎麼比得上顏回呢？顏回聽到一件道理，便能推知全體徹底明瞭，我聽到一件道理，只能推知兩件。」
孔子說：「你是不如他，我和你都不如他啊！」

有一天，孔子在學堂對曾子說：「曾子啊！我平日所講的，可以用一種道理來融會貫通啊！」
曾子說：「是啊！」
孔子出去以後，學生們問曾子說：「老師的話是什麼意思呢？」
曾子說：「老師的思想，無非『忠恕』二字而已。」
子貢問孔子說：「有一個字可以做為終身奉行的準則嗎？」

孔子說：「大概就是『恕』字吧！自己所不喜歡的，不要加在別人身上。」

子貢說：「是的。」

孔子說：「一群人整天聚在一起，沒有一句正經話，喜歡耍小聰明，這種人要使他學好是很難的！」

子路說：「別人對我好，我也對他好；別人對我不好，我也對他不好。」

子貢說：「別人對我好，我也對他好；別人對我不好，我只好聽之任之了。」

顏回說：「別人對我好，我也對他好；別人對我不好，我還對他好。」

三人觀點各有不同，他們請教孔子。

孔子說：「子路說的是野蠻之言；子貢說的是朋友之言；顏回說的是親屬之言。三個人同行，其中必有可做我的老師的。選擇他們的長處加以學習；他們的短處也可做為自我改正的參考。可以一起學習，未必志同道合；志同道合，未必可以一起立業；可以一起立業，未必有相同的價值觀。」

子路、子貢、顏淵齊聲說：「是的，老師。」

有一天，孔子為自己卜卦，卜得賁卦，孔子臉色很不平靜。子張走上前去問道：「我聽說賁卦是吉祥的，為何老師臉色不平靜？」

孔子說：「因為卦象中有離象。《周易》說：山下有火叫作賁，不吉利。」

子張問：「賁卦也很好，為何不吉利？」

孔子說：「白就應該是白，黑就應該是黑，賁卦不白不黑，又好在哪裡？」

孔子說：「我聽說朱漆自成鮮艷，白玉不必雕琢自成珍寶，為什麼呢？因為它們本質就已非常好了，不必借助於外在修飾。」

子路問孔子說：「豬肩骨和羊膊骨也能用來占卜，蘆葦和蒿草也能用來測定數，何必用蓍草和龜殼呢？」

孔子說：「這大概是取其名吧？蓍與耆音近，龜與舊音近，四字都有年歲久遠之意，辨明狐疑之事，應請教年老的長者。」

孔子讀《易經》，讀到損益二卦時，喟然而歎。子夏離開座位問道：「老師您為何歎息呢？」

孔子說：「減損必定增加，增加必定減損，所以我歎息啊！」

子夏說：「學習不是能增長嗎？」

孔子說：「我不是說道的增長。道愈增長，身體愈損耗。學習要減損自己，虛心受教，才能圓滿廣博！自然規律是：完成必然改變。一直保持圓滿長久，這是不曾有過的事。所以說：自以為聰明，天下的善言便都聽不到。」

楚昭王聽說孔子住在蔡國，便派使者前來，願意給夫子七百里封地，邀請孔子到楚國都城負函去。孔子正準備前往拜見接受聘禮。陳國、蔡國的大夫聽到這消息，相互商議說：「孔子是位賢者，他所批評的都切中諸侯的弊病。如果孔子被楚國重用，那麼我們陳蔡兩國的大夫們就危險了。」

於是派兵阻攔，不讓孔子前往楚國，孔子竟被困在陳、蔡之間，斷糧七天，也無法和外面取得聯繫，連粗劣食物也沒得吃，隨行弟子都餓壞了，孔子卻照常講學誦書、彈琴、高唱自己寫的琴曲《猗蘭操》：

夫蘭當為王者香，今乃獨茂，與眾草為伍，譬猶賢者不逢時，與鄙夫為倫也。

蘭花當為王者散發幽香，而今卻獨自開放，與野草為伍。有如賢者生不逢時，與粗人相伴。

子路進見孔子說：「老師在此時歌唱，符合禮嗎？」

孔子不回答，直到曲終，孔子才說：「子路我告訴你：君子喜歡音樂是為了不傲慢自大，小人喜歡音樂是為了消除恐懼，有誰不瞭解我而追隨我呢？」

子路說：「君子也會有這樣窮困潦倒的時候嗎？」

孔子說：「會有的，只不過君子遭到困窮時，能夠堅持品德，小人遭到困窮時，便胡作非為！」

子路聽了很高興，持著劍隨孔子的琴音旋律跳起舞來。孔子問子路說：「《詩經》說：『不是犀牛、不是老虎，卻徘徊曠野。』難道我的學說不對嗎？為何落到這種地步？」

子路說：「大概是老師的仁德不夠，別人才不信任我們；老師的智慧不夠，別人才不實踐我們的理想。老師曾說過：『為善者，天報之以福；為不善者，天報之以禍。』如今老師積仁德、懷仁義，長期推行您的主張，怎會落得這樣窮困呢？」

孔子說：「子路啊！如果仁德能使人信任，伯夷叔齊怎會餓死首陽山？智慧能實踐理想，比干怎會被剖心？忠心必有好報，關龍逢就不會被殺；忠言勸諫必會被採納，伍子胥就不會被迫自殺。」

孔子說：「不能遇到賢明君主才是關鍵！君子學識淵博卻時運不濟，何止是我孔丘啊！」

子路出去了，孔子叫來子貢。孔子對子貢說：「子貢啊！《詩經》說：『不是犀牛、不是老虎，卻徘徊曠野。』難道我的學說不對嗎？為何落到這種地步？」

子貢說：「老師的學說太宏大，天下無一處能容納。老師何不稍微降低一點要求呢？」

孔子說：「子貢啊！農夫善於耕種，卻不必然有好收穫；工匠手藝精巧，卻不必然能使人人滿意。」

孔子說：「君子能修研學說，像編網一樣，先架構綱紀，然後再統合整理，卻不必然能被世人所接受。現在不研修自己的學說，反而想降格迎合。子貢啊！你的志氣不太遠大！想法不夠深遠呀！」

子貢出去之後，顏回進來見孔子。孔子說：「顏回啊！《詩經》說：『不是犀牛、不是老虎，卻徘徊曠野。』難道我的學說不對嗎？為何落到這種地步？」

顏回說：「老師的學說太宏大，天下無一處能容納，但老師還是要推行自己的學說，世人不接受是當權者之恥，不被接受才能顯現君子本色！」

孔子聽了欣慰地笑著說：「是啊！顏回啊！如果將來你發了財，我替你當管家。」

傳說，孔子被圍困在陳國時，仍然彈琴唱歌。夜裡有個身高九尺的人，穿著黑衣，戴著高帽，大聲喝叱，聲震左右。

子貢進門問道：「什麼人？」那人便提起子貢夾住他。

子路把他引出門，在庭院裡與他展開搏鬥，好一會兒，也沒能得勝。孔子仔細觀察那個人，看見他的腮幫骨似硬殼般時開時合，如手掌一樣，

孔子說：「何不拉住他的腮幫骨，奮力登上頭頂。」子路拉住他的腮骨，連手都陷入其中，突然他倒在地上，竟是條大鯰魚，九尺多長。

孔子說：「這個東西，為何來此呢？我聽說物老了，精怪就依附它，趁你運衰時到來。這個東西，它的到來，難道是因為我遇到厄運、斷了糧食、學生都病了嗎？六畜及龜、蛇、魚、鱉、草木之類，只要壽命長了，神就依附它，能成妖怪，所以叫作五酉。五酉，就是金、木、水、火、土，每行都有具體的物。酉也是老的意思，物老了就變成精怪。殺了它算了，有

什麼擔憂的呢？或許上天還沒拋棄文人，以此來維繫我的命吧！不然為何走到這一步呢？」

之後，孔子仍舊彈琴唱歌，子路烹了魚，味道鮮美，餓倒的門生都來吃這條大鯰魚。第二天，子貢拿著攜帶的貨物，偷偷跑出包圍，跟村民換米，換回一石米。顏回與子路在土屋下煮飯，有一團燻黑的灰土掉到白飯裡，顏回把弄髒的飯揀起來吃掉。子貢在井邊看見了，很不高興，他誤以為顏回偷吃。

子貢進屋問孔子說：「仁人廉士困窮時，也會改變節操嗎？」

孔子說：「改變節操，還能稱之為仁人廉士嗎？」

子貢問：「顏回這樣的人，不會改變節操吧？」

孔子說：「當然。」於是子貢便告訴孔子，顏回偷偷吃飯的事。

孔子說：「我相信顏回的仁德已經很久了，即使你這樣說，我還是不會懷疑他。你先待一會兒，我來問問他。」

孔子叫顏回進來，問道：「以前我曾夢見祖先，這難道是祖先在上天開導我們，保佑我們嗎？你做好飯趕快端上來，我要獻飯祭祖。」

顏回說：「剛才有一團燻黑的灰土掉到白飯裡，如果留在飯中則不乾淨；如果把飯扔掉又很可惜。於是我就把飯吃了，不能再用飯來祭祖了。」

孔子說：「要是我也會吃掉它。」

顏回出去後，孔子對弟子們說：「我相信顏回，不僅僅是今天。」弟子們由此歎服顏回。

孔子派子貢到楚國去。楚昭王調動軍隊來迎接孔子，孔子一行才得以解圍。大家準備出發到楚國都城負函去見楚平王時，子貢執著轡繩說：「我們跟隨老師遭受此難，大概永遠不會忘記。」

孔子說道：「善與惡是什麼呢？能在陳蔡之間受難，是我的幸運啊！你們跟隨我，也是幸運啊！我聽說君王不受難，便不能成王業，烈士不受難，行為就不足以彰顯。怎知發憤圖強不就開始於此呢？」

孔子往楚國的半路上，碰到一位漁夫獻給他魚。

孔子說：「你辛苦打來的魚，應拿去市場賣，我不能接受你送的魚。」

捕魚人說：「天熱市場又遠，已經不能賣了，扔掉可惜，不如獻給君子食用，所以才冒昧地送給您。」於是孔子恭敬地拜了兩拜，接受了這些魚，讓弟子把室內打掃乾淨，準備祭祀。

弟子說：「捕魚的人本來要扔掉這些魚，老師卻要用來祭祀，這是為什麼呢？」

孔子說：「我聽說愛惜變質的食物，而把它送給別人的是仁人。哪有接受仁人贈送的食物，而不祭祀的呢？」

楚昭王聽說孔子已經快抵達楚國境內，想派人到邊境迎接，並封他七百里地。楚國令尹子西阻止說：「大王的使臣，有子貢這種人嗎？」

楚昭王說：「沒有。」

子西又問：「大王的輔佐大臣，有顏回這種人嗎？」

楚昭王說：「沒有。」

子西又問：「大王的將帥，有子路這種人嗎？」

楚昭王說：「沒有。」

子西問：「大王的官員，有宰予這種人嗎？」

楚昭王說：「沒有。」

子西接著說：「楚國祖先受周天子分封，封號子爵，封地與男爵相等，方圓五十里。現在孔丘講述三皇五帝的治國方法，依周公旦、召公奭輔佐周天子之業，如果大王任用他，那麼楚國還能世代保有幾千里方圓土地嗎？」

楚昭王說：「不能。」

子西說：「想當年文王在豐邑、武王在鎬京，以百里之君而統治天下。如果讓孔丘擁有七百里封地，加上那些有才能的弟子輔佐，絕非楚國之福啊！」

楚昭王聽了，便打消原意。這年秋天，楚昭王死在城父。孔子還沒抵達楚國，聽到楚昭王過世的消息，便掉頭返回衛國，順路到葉邑會見邑尹——葉公。

襄公二十三年，葉公生於楚國王室之家，曾祖父是春秋五霸之一楚莊王。本名沈諸梁，字子高，比孔子小一歲。葉公年少有為，二十四歲時便被楚昭王封到葉邑為尹，此後他便自稱葉公。葉公到了葉地之後，養兵息民，發展農業，增強國力。成為春秋末期楚國最著名的軍事家、政治家。

傳說葉公非常喜歡龍，衣服的帶鉤上、酒杯上畫著龍，屋子的雕飾花紋也都是龍。天上的龍聽說葉公好龍，就從天上下來，從窗戶裡探進龍頭，葉公一見臉色都變了，嚇得魂不附

發憤忘食，
樂以忘憂
述而第七—十六

有一天，葉公問子路：「子路，你老師是怎樣的一個人？」
子路尷尬地說：「我不會形容……」
1
子路回來，跟孔子說：「葉公問您的為人，我回答不出來。」
2
孔子說：「子路！你怎麼不回答他說，他這個人學習起來毫不倦怠，教起人來全不厭煩，用起功來連飯也忘了吃，
3
高興起來什麼憂愁都可忘掉，甚至老之將至也不知道。」
4

體，轉身就跑，由此看來，葉公並非真的喜歡龍，而是喜歡那像龍但卻不是龍的東西。

葉公接見孔子，問孔子說：「什麼是為政之道？」

孔子說：「為政之道在使遠方的人歸附，近處的人貼服。」

葉公說：「說得好，先生說得真好。」

孔子說：「如果自己做得正，治理政事又有什麼困難呢？如果自己不能做得正，又怎能糾正別人？」

葉公對孔子說：「我家鄉有正直的人，父親偷羊，兒子去告發父親。」

孔子說：「我家鄉正直的人做法不同：父親為兒子隱瞞，兒子為父親隱瞞，正直就在其中了。」

往衛國的半途中，孔子聽到有人在哭，聲音很悲傷。

孔子對弟子們說：「這人的哭聲很悲傷，但不是親人死去的那種悲傷。」於是驅車前進，沒走多遠，看到一個異人，拿鐮刀帶繩索，哭個不停。

孔子下車向前去問道：「您是哪位？」

回答說：「我是丘吾子。」

孔子說：「您怎麼哭得這麼傷心？」

丘吾子說：「我有三個過失，晚年才發覺，後悔也來不及了！」

孔子說：「可以說說您的三個過失嗎？」

丘吾子說：「年輕時我喜歡學習，行遍天下後，父母親去世了，這是第一個過失；年長後我侍奉齊君，齊君驕奢而失去人民擁護，我臣節不保，這是第二個過失；我喜歡交朋友，而今朋友都跟我斷絕關係，這是第三個過失。」

丘吾子說：「樹欲靜而風不停，子欲養而親不待。失去不能再來的是歲月；不能再見到的是父母。請讓我們就此分別吧。」於是丘吾子投水而死。

孔子說：「弟子們記著啊！這足以為戒。」弟子聽了，因此回去奉養父母的有十三人。

孔子離開葉地要回衛國，一不小心馬跑了，吃了農夫的莊稼。農夫非常生氣，牽走馬拴起來。子貢去勸說他放馬，言辭謙卑也沒要回馬。

孔子說：「用別人不願聽的話勸人家，就好比用太牢宴[12]請野獸，奏九韶樂曲[13]讓飛鳥欣賞。這是我們的過錯，不是那人的過錯。」

⑫ 古代君王祭祀時，準備牛、羊、豬三牲為「太牢」。

⑬ 周朝的雅樂。

於是讓飼養馬的人去說。到那兒，見到農夫之後說：「您在東海邊種田，一直種到西海邊，我們的馬跑了，怎能不吃您的莊稼呢！」農夫覺得養馬人的說法很幽默，便高興地解開馬還給孔子。

孔子經過勝母，天晚了，也不肯住下來；經過盜泉，口渴了，也不喝盜泉的水。因為孔子討厭它們的名字。

半路上，孔子又遇見長沮、桀溺兩人並肩耕田，孔子以為他們是隱士。

孔子跟子路說：「子路啊！去請問他們過河的渡口在哪裡？」

子路便走去稻田裡問長沮說：「請問過河的渡口在哪裡？」

長沮問：「車上拉著轠繩的人是誰？」

子路說：「他是孔丘。」

長沮說：「是魯國的孔丘嗎？」

子路說：「是的。」

長沮說：「那他應該知道渡口在哪裡。」

子路又問桀溺：「請問渡口在什麼地方？」

桀溺說：「你是誰？」

子路說：「我是子路。」

桀溺說：「你是魯國孔丘的學生嗎？」

子路說：「是的。」

桀溺說：「天下一片混亂，有誰能改變這種局勢呢？你與其跟隨孔丘那種逃避壞人的人，還不如跟隨我們這種逃避亂世的人。」

桀溺說完，仍舊不停地耕種。子路回來後把這兩人的話告訴孔子。

孔子失望地說：「人不能和鳥獸一起生活，如果我不跟世人打交道，要跟誰打交道呢？天下如果太平安樂，我就不用來改變它了。」

有一次，子路跟隊伍分開了落在後面，在石門城外住了一夜。看城門的侍衛說：「你從哪裡來的？」

子路說：「從孔家來。」

看城門的侍衛問：「就是那明知做不成功，卻一定要去做的那個人嗎？」

子路說：「是啊，他正是我的老師。」

第二天，子路在路上遇到一個老人用拐杖挑著除草工具。

子路問道：「你看到我的老師嗎？」

老丈說：「我四體不勤，五穀不分，哪知道誰是你的老師？」說完便扶著拐杖除草，子路拱著手恭敬地站在一旁。老人留子路到他家住宿，殺雞煮小米飯給子路吃，又叫兩個兒子出來跟子路見面。

隔天，子路告辭老者，趕上孔子一行，把這件事告訴孔子。

孔子說：「這是個隱士啊！」叫子路回去再見老人，到了他家，老人經已出門去了。

子路說：「不做官是不對的！長幼之禮不可廢棄；君臣之義又怎能拋棄呢？潔其自身，則會亂大倫。君子做官只為了實行君臣之義。至於天下太平的理想，我早就知道行不通了。」

子路回來跟孔子匯報，孔子感歎道：「天子的大樂師摯去了齊國，二樂師干去了楚國，三樂師繚去了蔡國，四樂師缺去了秦國，打鼓的方叔到了黃河邊，敲小鼓的武到了漢水邊，少師陽和擊磬的襄到了海邊。從古至今，被遺落的賢人有：伯夷、叔齊、虞仲、夷逸、朱張、柳下惠、少連。能不降低自己的志氣，不辱沒自身，是伯夷叔齊吧？柳下惠、少連被迫降低自己的志氣，辱沒自身；但他們言語合於法度，行為合於思慮。他們不過如此罷了。虞仲、夷逸避世隱居，放肆直言，自身保持清白，辭官合於情理。我與他們不同，我可以這樣做，也可以那樣做。」

林類已經將近一百歲，一生孤寡無妻女。春天到了，他還穿著冬天的粗皮衣，在田地裡邊走、邊唱歌、邊撿拾穀穗。孔子往衛國途中，看見林類在田野，回頭對學生說：「那位老人就是林類，是個值得對話的人，試著去問問他。」

子貢請求前往，往田埂走去，問林類說：「先生邊走邊唱地拾穀穗，從來沒有後悔嗎？」林類不停地往前走，照樣唱歌不止。子貢再三追問，他才仰著頭答覆說：「我後悔什麼？」

子貢說：「聽說您少年時懶惰不努力，長大了又不爭取時間，到老了還沒有妻子兒女，現在已經死到臨頭了，又有什麼快樂值得拾穀穗時邊走邊唱歌呢？」

林類笑著說：「我所以快樂的原因，人人都有，但他們卻反而以此為憂。我少年時懶惰不努力，長大了又不爭取時間，所以才能這樣長壽。到老了還沒有妻子兒女，現在又死到臨頭了，所以才能這樣快樂。」

子貢問：「人人希望長壽，厭惡死亡。為何您卻把死亡當作快樂呢？」

林類說：「死亡與出生，不過是一去一回。因此在這兒死去了，怎麼知道不在另一個地方重新出生呢？由此，我怎麼知道死與生不一樣呢？我又怎麼知道力求生存而忙忙碌碌不是頭腦糊塗呢？又怎麼知道死亡不比過去活著更好些呢？」

子貢聽了，不明白他的意思，回來告訴孔子。孔子說：「我知道值得跟他對話，但他對道的瞭解並不徹底。」

魯哀公七年，孔子六十四歲。

孔子從楚國返回衛國，這時候，衛出公的父親蒯聵沒有繼位做國君，流亡國外，諸侯對此事屢加指責。孔子的弟子很多在衛國做官，衛出公也想請孔子出來執政。

子路對孔子說：「假如衛君要您治理國家，您要先從哪裡做起？」

孔子說：「先糾正名分！」

子路說：「有這樣做的嗎？您想得太不合時宜了。名分怎麼糾正呢？」

孔子說：「子路你太粗野了！君子對於不瞭解的事情，不應發表意見。名不正，則言不順；言不順，則事不成；事不成，則禮樂不興；禮樂不興，則刑罰不得當，刑罰不得當，老百姓就無所適從。所以君子做事必須說得通，說話必須行得通。君子對於自己的言行，是從不馬馬虎虎的。」

衛國的公孫朝問子貢說：「孔子的學問，是從哪裡學來的？」

子貢說：「文王武王之道，還在人間並沒失傳。賢人瞭解大道，不賢人只能瞭解小道。天下到處都有文武之道。我們老師處處都學，何必要有固定的老師呢？」

子貢受聘為信陽宰，臨走時向孔子辭行。孔子說：「努力啊！謹慎啊！奉天子之時，勿奪取，勿劊除，勿殘暴，勿偷盜。」

子貢說：「我年少就侍奉您，還擔心我會偷盜嗎？」

孔子說：「你知道得不徹底。以賢人代替賢人，叫作奪取。以不賢人代替賢人，叫作劊除。可延遲執行的懲罰卻急於執行，叫作殘暴。為自己取得好處，叫作偷盜。偷盜不是竊取財物呀。」

子貢問：「應該如何治理百姓？」

孔子說：「如同用腐朽韁繩駕馭奔馬一樣戒慎恐懼就行了。」子貢說：「那該多麼可怕呀！」

孔子說：「在鬧區駕馭奔馬，到處都是人，但用正確方法引導，就會像自己養的馬一樣聽話。如果用不正確的方法引導，它會成為仇人。怎麼能不戒慎恐懼呢？」

魯哀公八年，孔子六十五歲。

魯哀公八年夏天，子貢受聘為魯國大夫。吳國和魯國在鄫邑會盟，吳國向魯國索取牛、羊、豬各一百頭為祭品。吳國的太宰嚭召見季康子，季康子就派子貢前往交涉辭謝，子貢以周禮說服吳國太宰，完成使命。季康子討伐邾國，子服景伯勸阻，季康子不聽。邾國請求吳國攻打魯國。

吳王夫差問叔孫輒說：「我準備攻打魯國，你認為如何？」

叔孫輒回答說：「魯國有名而無實，攻打他們，一定能如願以償。」

叔孫輒退出來之後，告訴了公山不狃。公山不狃對叔孫輒說：「做為一位將領，可以有不同的政治主張，可以逃亡國外，但不能因為個人恩怨而禍害自己的祖國。」

公山不狃與叔孫輒兩人曾帶領費人攻打曲阜，後來又一起流亡到吳國。公山不狃雖在魯國多行不義，但他還堪稱血性漢子，不以私仇危害魯國。

叔孫輒羞愧地說：「是的，我錯了。」

吳王又詢問公山不狃，公山不狃回答說：「魯國平時雖然沒有共存的國家，危急時諸侯將會救它。因為魯國是齊國、晉國的嘴唇。唇亡齒寒，他們能不去救援嗎？」

但吳王還是於該年三月出兵伐魯，孔子的弟子有若率領魯軍抵抗，將吳軍打敗。

魯哀公十年，孔子六十七歲。

孔子六十七歲時，他的夫人、孔鯉的母親亓官氏死了，一年後孔鯉還在哭。

孔子聽見之後問：「是誰在哭呢？」門人說：「是孔鯉在哭。」

孔子說：「太過分了，這不符合禮制。」孔鯉聽到了，於是除服不哭了。

六、晚年歸魯

魯哀公十一年，孔子六十八歲。

魯哀公十一年春天，齊國因為郎地之戰的緣故，派大將國書、高無丕率領軍隊攻打魯國，齊國大軍抵達清地。季康子令叔孫氏、孟孫氏出兵抗齊，將齊人攔在國土之外。叔孫氏、孟孫氏埋怨季氏專權，不肯聽季康子的號令。

魯昭公的次子務人說：「徭役繁重而賦稅多，如今上位者沒有拒敵對策，下位者不能以身殉國，如何對抗強敵？」

於是季康子任用孔子的弟子冉求帶兵到艾陵抗齊。當時季孫氏稱左師，孟孫氏稱右師，冉求率領左師，管周父為他駕馭戰車，樊遲為他做車右[14]。

季孫說：「樊遲年紀太小了吧？」

冉求說：「他能服從命令。」

魯軍和齊軍往郊外作戰，齊軍從稷曲攻擊魯軍，魯軍不敢過溝迎戰。

樊遲說：「不是做不到，而是不相信您。請您把號令申明三次就帶頭過溝。」

冉求依照他的話率軍跟著衝過壕溝，衝入齊國軍隊，眾人都跟著他過溝。魯軍攻進齊軍。冉求使周矛攻殺齊軍，所以能攻破齊軍。齊軍逃跑了，冉求在艾陵大敗齊人，齊人潰不成軍。史稱「艾陵之戰」。

魯軍打勝仗後，季康子問冉求說：「你的軍事才能是學來的？還是天生的？」

冉求回答說：「我從孔子那裡學會的。」

季康子問：「跟孔子能學到用兵作戰？」

冉求說：「孔子是大聖人，他文武精通，知識無所不包，我跟他學會戰法，只是學得不夠透徹。」

季康子又問：「孔子是怎樣的人呢？」

冉求回答說：「給他一個合宜名分，讓他把德政施於百姓。這樣做即使面對鬼神也能無憾。如果讓孔子帶兵打仗，即使賜給他千戶社稷，孔子也不會去做的。」

季康子說：「嗯，有意思。」

冉求說：「有聖人卻不任用，卻想治理好國家，就如同倒著走又想趕上前面的人，是不可能的。現在孔子在衛國，衛國將重用他，我們自己有人才卻去幫助鄰國，這不是明智之舉。請您用豐禮把孔子請回來吧。」

季康子說：「我想召請他回來，可以嗎？」

⑭ 打仗時，指揮車通常是主帥居中掌旗鼓，駕駛者在左，車右為勇武之士，負責禦敵。

冉求說：「你要召請他，只要不讓小人束縛他的手腳就可以。」

於是季康子將冉求的建議向魯哀公稟告，魯哀公說：「好。」

這年冬天，衛國大夫孔圉準備攻打衛靈公的庶弟太叔疾。因為當初衛公子太叔疾逃到宋國時，在宋國娶了宋國子朝的女兒，她的妹妹隨嫁。後來子朝因故逃出宋國。衛國大夫孔圉要太叔疾休了子朝的女兒，然後把自己的女兒孔姞嫁給太叔疾。但太叔疾卻偷偷地派人把前妻的妹妹安置於犁邑，還為她修了一所宮殿，有如第二個妻子。孔圉知道之後非常生氣，準備派兵攻打太叔疾。

孔圉問孔子說：「衛伐太叔，你有何計策？」

孔子推辭說：「我不知道。」

孔圉再問：「衛伐太叔，你認為如何？」

孔子說：「做為臣子攻打國君，以下亂上是不對的，你要打消這個念頭。」

太叔疾聽說孔圉要攻打他，便逃到宋國。衛靈公改立太叔疾的弟弟太叔遺為繼承人，孔圉便把女兒強行要回來，將女兒改嫁太叔疾的弟弟太叔遺。

清晨鳥叫聲中，兩三道陽光穿過薄霧，射入蘧伯玉家中附設學堂前方的林間廣場。孔子閒居獨坐樹下看書，顏回快步走來說道：「老師，季康子派人迎接老師回魯國啦！」

孔子臉色一變，抬頭仰望天空歎道：「是該回國的時候了嗎？」

顏回說：「是該回國的時候了。」

孔子說：「是啊！是該回國的時候了，已經好久好久沒看到泰山了。」

這天下午，季康子派公華、公賓、公林三人帶著禮物來迎接孔子，孔子吩咐門人備車，準備離開衛國，孔圉說：「夫子，您不能走，衛國需要您啊！」

孔子說：「鳥能擇木而棲，木豈能選擇鳥呢？」

第二天，學堂外面，門人和一大排車馬列隊靜靜地等候歸國。孔子站在牛車旁邊，回首看衛國都邑，不覺歎道：「魯是周公的封國，衛是周公之弟康叔的封國，魯衛兩國的政治，有如兄弟一樣情況相同。」

然後對門人說：「回去吧！回去吧！留在家鄉的學生們豪情萬丈，文采揚揚，不知該怎樣栽培啊。」

顏回一手執韁繩一手高舉，往後面一大排牛車馬車大喊：「同學們！大家朝魯國出發！」

隊伍緩緩前進，孔子坐在牛車上拿琴彈起來，演唱自己所作的曲子《龜山操》：

予欲望魯兮，龜山蔽之。手無斧柯，奈龜山何？

我想再望一眼魯國，龜山重重疊疊阻隔。手裡沒有握住斧柄，又能夠把龜山怎麼樣？

隨著孔子一行遠去的身影，天空隱約看到極為遠方的泰山。

曲阜城門前方，數百名官員分立左右兩列於道路兩側，魯國民眾爭看周遊列國十四年回到魯國的孔子。只聽城門大道遠方盡頭，傳來一陣陣齊聲唱誦：

學而時習之，不亦說乎？有朋自遠方來，不亦樂乎？人不知，而不慍，不亦君子乎？

賢賢易色，事父母能竭其力，事君能致其身，與朋友交言而有信。雖曰未學，吾必謂之學矣。

弟子，入則孝，出則弟，謹而信，汎愛眾，而親仁。行有餘力，則以學文。

孔子一行人由遠而近，慢慢抵達曲阜城前，孔子下車朝向城門恭敬虔誠地跪地，傾身低頭親吻魯國土地，然後慢慢抬頭，雙眼含淚說：「養我育我的魯國，仲尼回來了。」

魯哀公在大堂東面台階上迎接孔子，孔子在西側台階上晉見哀公。

魯哀公說：「歡迎聖人回故國。」

孔子恭敬地回禮：「謝謝君上。」

宮殿大堂裡，孔子陪坐在魯哀公一旁。魯哀公問：「如何能使百姓服從呢？」

孔子回答說：「提拔正直無私的人，把邪惡的人置於一旁，百姓就會服從。提拔邪惡不正的人，把正直無私的人置於一旁，百姓就不會服從統治了。」

魯哀公又問孔子：「應該如何治理國家？」

孔子回答說：「治理國家，沒有比讓人民富裕、長壽更迫切的了。」

魯哀公說：「如何能做到這樣呢？」

孔子說：「減少勞役，減輕賦稅，人民就富裕了；實行禮教，遠離罪惡疾病，人民就長壽了。」

魯哀公說：「我想依您的話去做，又擔心國家變窮。」

孔子說：「《詩經》說：『平易近人的君子，是老百姓父母。』沒有子女富裕，而父母貧窮的。」

魯哀公說：「先生高明，說得好。」

魯哀公賜桃和黍給孔子。魯哀公說：「請吃吧。」孔子先吃黍後吃桃，哀公左右的人都摀著嘴笑。

魯哀公說：「黍是用來擦拭桃子的，不是拿來吃的。」

孔子說：「我知道。但黍是五穀之長，是郊祭宗廟最上等的供品。水果有六種，桃是最差的一種，祭祀時不用，不能擺在郊祭供桌上。」

魯哀公說：「那又如何？」

孔子說：「臣曾聽說：君子該以低賤擦拭珍貴，沒聽過以珍貴擦拭低賤。以五穀之長去擦拭最差的水果，是以上等擦拭下等，臣認為這樣做有害於禮教，也妨礙義禮，所以我不敢以黍擦拭桃。」

魯哀公說：「你說得真好。」

孔子論孝

魯哀公又問：「臣從君命是忠嗎？子從父命是孝嗎？」

問了三次，孔子不回答。孔子小步快走而出，把這件事告訴子貢：「剛才，國君問我：『臣從君命是忠嗎？子從父命是孝嗎？』問了三次而我不回答，你認為怎樣？」

子貢說：「臣從君命是忠，子從父命是孝。不對嗎？」

孔子說：「賜啊，你很淺薄！萬乘之國，有七位直言敢諫的大臣，君王就不會有過錯。父親有直言的兒子，就不會陷入無禮。」

孔子說：「所以臣子一味服從君主怎會是忠呢？兒子一味服從父親怎會是孝呢？」

子貢說：「是的。」

孔子說：「明白該服從才服從才是忠，弄清楚了聽從的是什麼才是孝。」

子貢說：「是的，老師。」

孔子說：「父母在世時，不可出外遠遊；如果非要遠遊不可，應將去向告訴父母，以免父母憂心。父母有錯要好言相勸，又敬不違，聽不進時要尊重他們，要任勞而無怨。父母的年齡不可不記掛在心裡。一則為他們長壽而喜，一則為他們的年高而憂。」

子游問：「什麼是孝？」

孔子說：「現在一般人所謂的孝，只知能供養父母就算孝了；但人們也養犬馬，如果只養而不敬，則養父母跟養犬馬還有什麼不同？」

子夏問：「如何才算盡孝？」

孔子說：「侍奉父母，難於長期保持和顏悅色。有事弟子服其勞，有酒食先生饌；這樣就是孝吧？」

子路說：「貧窮真令人傷心啊！父母在世時無可供養，父母去世後，又無以為禮能辦好喪事。」

孔子說：「儘管粗茶淡飯，只要能讓父母高興就是盡孝。死後只要衣衾能掩藏屍體，殮罷立即就葬，只要依財力，有棺無槨都合乎喪禮的要求了。」

子路向孔子說：「負重物走在漫長路上，就不會挑剔休息地方的好壞；家庭貧窮，父母年老，就不會計較待遇多少。我侍奉雙親時，吃粗劣食物，為了父母親，到百里之外背米回來。」

孔子說：「是啊，你做得很好。」

子路說：「父母去世後，我當官，跟隨的車子多達百輛，積糧萬鍾，疊餚而坐，鼎鍋有豐盛食物。這時即使我想吃粗劣食物，替雙親背米，已不可能。」

子路感歎說：「魚乾串在細繩上，哪能不被蟲吃？雙親的壽命，短如白馬過隙。」

孔子說：「侍奉父母，活著時竭盡全力，死之後傾盡思念，這就是孝。」

孔子論君子

有一天，孔子與子貢、子路討論什麼是君子。

子貢問孔子說：「怎樣才算是君子？」

孔子說：「君子在說之前先做，做到了才說。君子博愛而不偏私；小人偏私而不博愛。君子心懷仁德，小人留戀故土；君子心懷法度，小人心懷貪念。君子所瞭解的是義，小人所瞭解的是利。君子言談應簡潔，行動要敏捷。君子對於天下事，不固執一定可以、一定不可以的成見，一切以義為依歸。」

子貢說：「的確是如此。」

子貢問：「君子也有憎惡嗎？」

孔子說：「君子也有憎惡。憎惡宣揚別人壞處的人，憎惡居下位卻毀謗上司的人，憎惡勇敢卻沒有禮義的人，憎惡果敢卻剛愎自用的人。」

孔子問：「子貢啊！你也有憎惡嗎？」

子貢回答：「我憎惡把剽竊當作知識的人，憎惡把傲慢當作勇敢的人，憎惡把告密當作直率的人。」

孔子說：「君子之道有三種品德我沒做到：仁者不憂，智者不惑，勇者不懼。」

子貢說：「老師，您在自說己道啊！」

子路問：「君子與小人的差別在哪裡？」

孔子說：「君子安舒而不傲慢，小人傲慢而不安舒。君子依循天理，小人順從私欲。君子有時也會違背仁道；小人則不可能有仁道。君子只成全別人的好事，不成全壞事；小人則剛好相反。君子與人和諧相處，卻不結黨營私；小人結黨營私，卻不能與人和諧相處。

「為君子做事很簡單，但使他高興則很難。以不正當的方式討他歡喜，他不高興；君子用人時量材為用。為小人做事則很難，但使他高興卻很簡單。以不正當的方式討他歡喜，他也很高興；小人用人時總是求全責備。君子不可以做小事，而可承擔大使命；小人不可承擔大使命，但可以做小事。君子只怕自己沒有才能，不怕別人不知道自己。君子擔心自己死後，沒有好名聲。君子求自己，小人求別人。

「君子舉止莊重與世無爭；合群而不結黨營私。君子不因為別人話講得對便貿然舉用他；也不因為對方行為不好而抹殺他的話。君子以義為本，以禮加以推行，以謙遜來表達，以信譽來完成，這就是君子了。

修己以敬
憲問第十四—四十二
子路問：「如何才能稱之為君子？」
孔子說：「修養自己，對人恭敬謙遜。」
子路說：「這樣就夠了嗎？」
孔子說：「修養自己，使周圍的人們安樂。」
子路說：「這樣就夠了嗎？」
孔子說：「修養自己，使所有百姓都安樂。這一點連堯舜都難以做到呢。」

「君子博學於文，以禮約束自己，便能不背離大道。君子求道不求衣食，耕種也會常餓肚子，努力學習能得俸祿，君子擔心沒學好道，不擔心貧窮。君子和氣待人，不同流合污。堅守中庸之道而不偏倚。國家有道，不改變志向。國家無道，不改變操守。」

子路問：「君子也有憂慮的時候嗎？」

孔子說：「沒有。君子沒養成品德時，他會為理想而高興；已經養成良好品德之後，又會為自己的成功而高興。因此他一生都很快樂。」

孔子說：「君子沒有一天是憂愁的。小人則不然，在沒得到想要的之前，擔心得不到；得到之後又擔心失去。因此他終身都在憂慮，沒有一天是快樂的。」

顏回問：「怎樣才算是君子？」

孔子說：「關愛別人近乎於仁，深思熟慮近乎於智，對自己關愛不多，對別人體貼愛護，這就是君子。」

顏回說：「怎麼樣才不是君子？」

孔子說：「不學習就去做，不思考就想獲得。」

君子駟不及舌。
顏淵第十二—八
棘子成問子貢說：「君子只要有好的品質就行了，要那些表面儀式做什麼？」
子貢說：「很遺憾！您竟這樣理解君子。一言既出駟馬難追，本質猶如文采，文采猶如本質。
去了毛的虎豹之皮，就如同去了毛的犬羊之皮一樣。」

顏回說：「是的，老師。」

孔子說：「君子不重則不威；經常學習就不會固執，一切要以忠信為本，不要結交不如自己的朋友，有錯誤不要怕改正。」

孔子說：「射箭很像君子的為人之道，射不中，不怪靶子不正，只怪自己箭術不行。」

孔子論仁

孔子說：「好學近乎智，力行近乎仁，知恥近乎勇。」

有一天，孔子跟弟子們討論仁。顏淵問：「怎樣才能算是仁？」

孔子說：「能夠克制自己的私欲循禮而行，這便是仁。一個人能夠做到這個地步，天下的人就會稱讚你是個仁人了。仁是從自己做出來的，並不是別人隨便給你的。」

顏淵說：「請問何為仁的條目。」

孔子說：「**非禮勿視，非禮勿聽，非禮勿言，非禮勿動。**」

顏淵說：「我雖然稍魯鈍些，但我希望能遵照這些話去做。」

樊遲問：「什麼是仁？」

孔子說：「對人慈愛。」

樊遲問：「怎樣才算做到仁？」

孔子說：「先吃苦後享受，就算是仁了。剛毅木訥，本身已接近仁。**智者不惑，仁者不憂，勇者不懼。智者樂水，仁者樂山；智者動，仁者靜；智者樂，仁者壽。仁者安仁，智者利仁。仁者必有勇，勇者不必有仁。**仁離我們很遠嗎？只要我們願意行仁，立刻就可以行仁。

「尚勇又厭惡貧困，是禍害之源；人而不仁，道德衰敗，是禍害之源。人的過錯有各種類型。觀察一個人的過錯，便能知道這人有沒有仁心。如果人沒有仁心，禮有什麼用處？如果沒有仁心，音樂有什麼意義？」

仲弓問：「怎樣才能算是仁？」

孔子說：「出門要像拜見貴賓一樣恭敬。派用老百姓做事時，要像負責大祭一樣的鄭重。自己所不喜歡的，不要加在別人身上。在諸侯的邦國做事毫無怨言，在卿、大夫家做事也無怨言。」

仲弓說：「我雖然稍魯鈍些，但我希望能遵照這些話去努力。」

孔子說：「所謂仁，就是愛人，以親愛自己的親人最為重大。所謂義，就是適宜，以尊敬賢人為最重大。」

孔子論禮

孔子與子游參加蜡祭[15]，儀式結束後，兩人出遊於闕上，孔子喟然而歎。

子游在旁邊問：「老師，您為何感歎呢？」

孔子說：「從前大道通行的時代，跟夏商周三代英豪們相比，我比不上，但我也有志於此啊！」

孔子說：「**大道之行也，天下為公。選賢與能，講信修睦。**人們不只是敬愛自己的親人，疼愛自己的子女，這樣使老年人能安享天年，使壯年人施展才能，使年幼者受教育，使老而無偶、年幼而無父、老而無子和殘廢者都能得到照顧。男人有職業，女人有歸宿。人們不願財物棄於無用之地，但不一定要藏在自家裡。人們不願有力卻使用不上力，但不一定是為了自己。陰謀被抑制而無法實現，盜竊亂賊不會出現，因此出門可以不閉戶，這便稱之為大同世界。」

大道之行也，天下為公。選賢與能，講信修睦。故人不獨親其親，不獨子其子。使

⑮蜡祭：年終時祭拜眾神。

老有所終，壯有所用，幼有所長。鰥寡孤獨廢疾者，皆有所養。男有分，女有歸。貨惡其棄於地也，不必藏於己。力惡其不出於身也，不必為己。是故謀閉而不興，盜竊亂賊而不作。故外戶而不閉。是謂大同。

孔子說：「如今大道消失不見，天下成為私人的財產。人們只敬愛自己的父母，只疼愛自己的子女，財物勞力都為了自己。天子諸侯為名正言順的世襲，修建城郭溝池防衛自身的利益。用禮義來確定君臣關係，使父子淳厚，使兄弟和睦，使夫妻和諧，使各種制度得以確立。劃分田地，尊重賢勇者，為自己建功立業。因為陰謀詭計，是產生戰爭的原因。夏禹、商湯、文王、武王、成王、周公是依禮所選出來的，他們中沒有人不嚴守禮制。禮制跟天地並存，如有君王不遵循禮制，民眾會把他視為災禍。」

這一天，孔子閒居在家，弟子子張、子貢、子游陪侍在側，大家談論時說到了禮。

孔子說：「你們三人坐下來，我跟你們說禮。禮周遍各處，無所不在。」

子貢站起來離席回話：「請問什麼是禮？」

孔子說：「誠敬而不合於禮，叫作粗野；恭順而不合於禮，叫作諂媚；勇敢而不合於禮，叫作逆亂。」

孔子又說：「諂媚容易和仁慈混淆。對君王盡禮，人們認為是一種諂媚。」

子貢說：「請問怎麼做才合於禮呢？」

孔子說：「禮用來節制行為，使行為恰到好處。」

子貢退下來，子游上前問道：「什麼是禮？」

孔子說：「所謂禮，就是去掉壞習性，保全好品行。人人行為合於禮，那麼：居家生活有禮，則長幼有序；家族內部有禮，則三族和睦；在朝廷上有禮，則官爵井然有序；戰術訓練有禮，則演習熟練；行伍軍隊有禮，則戰功不菲。若能達到如此，治理國家就像指著手掌給別人看那麼容易。」

子游退下去，子張上前問道：「請問什麼是禮呢？」

孔子說：「所謂禮，就是處理事情的方法。治理國家如果沒有禮，如同盲人無助茫然不知該走向哪裡？如同整夜在暗室找東西，沒有燭光怎能看得見呢？」

孔子說：「所以說沒有禮，則束手無措，耳目無所知，進退、作揖、謙讓都失去尺度。

你們三人仔細聽！禮就是理；樂就是節。不合理之事不做，無節制之事不為。如果懂得了這些禮，哪怕是個農夫，只要依禮而行，他就是個聖人。」

魯國大夫林放問：「什麼是禮的本質？」

孔子說：「這是大哉問！禮，與其奢侈不如節儉；喪事與其事事完備，不如內心悲戚。」

這一年，衛國大夫孔圉死了，衛國國君賜予他「文公」的稱號，後人稱他為「孔文子」

子貢問孔子說：「孔圉這個人，以下亂上，隨意將女兒改嫁，行為不符合禮。為什麼他『文』呢？」

孔子說：「他天資聰明而好學，向下屬請教而不以為恥，就因為這樣，所以謚他為『文』了。」

冉求在季康子家工作，很晚才下班。孔子問：「怎麼這麼晚才回來？」

冉求回答說：「有國政要討論。」

孔子說：「是季康子自己的家事吧？如果是公事，我雖然現在沒當官，也會知道。」

冉求說：「是的，季康子想依每一戶徵收賦稅，想聽聽老師您的意見？」

孔子說：「我不懂這些。」冉求問了三次，孔子都沒回答。

最後冉求說：「老師是國之大老，您怎麼不說話呢？」

孔子不當面答覆，孔子私下對冉求說：「冉求，你過來！難道你不知道嗎？先王制定土地制度，是依田地大小和老幼人數比例減免賦稅。國家興兵打仗之年才徵賦稅，沒打仗就不徵收。」

孔子說：「君子行事要依禮，施捨要豐厚，做事要適中，賦斂要微薄。季康子想行事合於法度，有周公典章可依據。如果要違背法度便宜行事，何必來請教我呢？」

季氏準備祭祀泰山。孔子對冉求說：「你無法阻止嗎？」

冉求說：「不能。」

孔子說：「天哪！難道泰山會接受這種無禮的朝拜嗎？」

魯哀公十二年，孔子六十九歲。

吳王夫差和魯哀公要一起到黃池會見晉侯。魯國大夫子服景伯對吳國使者說：「君王會合諸侯，吳君和魯君一起會見晉君，那麼晉就成伯爵了。吳君以伯爵身分會合諸侯，卻以侯爵身分結束會合，有何好處？」

於是吳國沒去參加諸侯大會，之後吳王夫差很後悔，第二年，把子服景伯關起來。

子服景伯對宰相伯嚭說：「魯國將在十月上辛祭祀天帝、先王，季辛這天才結束。我家世代都在祭祀中任職，自魯哀公以來從未改變過。如果你們不讓我參加祭祀先王，那麼我在祈禱祖宗時將會說：『吳國囚禁我，為了不讓我參加祭祀。』」

伯嚭把子服景伯的話轉告吳王夫差，於是夫差把子服景伯放回魯國。

子貢聽說了此事，就對孔子說：「子服氏之子不會說話。因誠實而被囚禁，因欺騙而被釋放。」

孔子說：「吳王有少數民族德性，可以欺騙他而不可以跟他說實話，這是聽話者自己的錯，不是說話者笨拙。」

子服景伯回魯國後，有一天在朝廷聽到叔孫武叔對大夫們說：「子貢比孔子更賢能。」

子服景伯退朝回來後，把這話告訴子貢。子貢說：「以圍牆來比喻，我的圍牆只有肩膀高，站在牆外，一眼就能看到我家裡富麗堂皇；老師的圍牆卻有幾丈高，如果不從大門進去，就看不見宗廟之美和屋內絢麗多彩。得其門而入者少。叔孫武叔會這麼說，不是很自然嗎？」

叔孫武叔詆毀仲尼。子貢說：「沒有用的啊！仲尼不可詆毀啊！別人的賢德好比丘陵，還可超越；仲尼是太陽月亮，無法超越。有人即使要自絕於日月，又怎能損傷日月？這只是不自量力。」

孔子離魯周遊列國前後有十四年，他先後到過衛、陳、宋、蔡、楚等國，宣傳自己的政治主張，但均不見用。回到魯國之後，哀公與季康氏雖然時常向孔子問政，但始終不用孔子的建議。孔子便整理編訂：《詩》、《書》、《禮》、《樂》、《易》、《春秋》六經，寄寓自己的思想主張。

《詩》以道志，《書》以道事，《禮》以道行，《樂》以道和，《易》以道陰陽，《春秋》以道名分。這一年，孔子的兒子孔鯉過世了。孔子也不在乎求仕了，僅以「國老」家居，續刪《詩》、《書》、訂《禮》、《樂》、贊《周易》、修《春秋》。

孔子說：「我從衛國返回到魯國以後，才把音樂整理好，《雅樂》、《頌樂》都妥當安排，各得其所。」

孔子平時則在洙泗之濱講習，教授門人。開始晚年時期的教育生活，向他學習的弟子約有三千人。有若、曾參、言偃、卜商、顓孫師、陳亢等人皆先後從學。年紀最小的弟子叔仲會和孔璇比孔子小五十歲，每當有學生來，由他們兩人幫孔子記錄，叔仲會和孔璇兩人輪流在孔子左右侍侯。

魯國大夫孟懿子的兒子孟武伯覺得他倆很可愛，便問孔子說：「這兩個小孩那麼小就學習，長大之後還記得住嗎？」

孔子說：「可以！一點一點的積累就變成本能，習慣便成自然。」

這年冬天十二月，蝗蟲成災。季康子問孔子說：「現在是周曆十二月，夏曆十月了，為何十二月冬天，田裡還有蝗蟲織娘？」

孔子回答說：「我聽說心星消失後，蝗蟲織娘也消失了。如今心星還在向西移，這是掌管星相官員的錯。」

季康子說：「星相官錯在哪裡？」

孔子說：「夏曆十月，心星應隱沒不見。現在還看得見心星，錯在今年應該有閏月。」

魯哀公十三年，孔子七十歲。

孔子說：「我十五歲便立志向學；三十歲時，便能堅持所學毫不動搖。四十歲時，行為處事已經沒有不明白之處。五十歲時知天命，不怨天，不尤人。六十歲時，只要聽人講話，便能判斷話的是非和這人的人品。到了七十歲時，言行不必去想，都不會做錯。」

孔子的教學設立了文、行、忠、信四種科目；又嚴立格物、致知、誠意、正心、修身、齊家、治國、平天下等，為學、立身處世的八個大宗旨；更進而通習禮、樂、射、御、書、數等六藝，以臻於「智、仁、勇」的三大德。

孔子教學分為：志於道、據於德、依於仁、遊於藝四個階段。以德行為首，言語次之，政事又次之，文學列為最末。孔子的學生分別有窮人、巨賈、貴族、大夫、邑宰、武士。他跟弟子們亦師亦友，也非常瞭解他們。

孔子說：「子羔個性愚直，曾參個性遲鈍，子張其志過高而流於偏，子路則個性太剛猛。顏回比較有機會能成就，只是常困於貧窮！子貢不受教命，但做生意卻能每次猜中物價漲跌，因而賺了大錢。」

孔子說：「君子必須知道：每種學問各有難易，每位學生資質各有高低。然後他才能因材施教，能因材施教才能為人師。」孔子教導學生因材施教，依弟子的資質與個性的不同，而分別給予不同的教導。給別人意見時，也因問者情況而有所不同。

子夏守完三年喪禮，拜見孔子。孔子說：「給他一把琴。」子夏調不好弦，悲傷得彈不成曲調。子夏彈完曲子站起來說：「因為還沒忘掉悲哀。先王制定的禮，我不敢勉強超過。」

孔子說：「子夏真是君子啊！」

子張守完三年喪禮，也來拜見孔子，孔子說：「給他一把琴。」子張調弦也能調好，奏起音也能成調，侃侃自得其樂。子張彈完曲子站起來說：「先王制定的禮制，我不敢違背。」

孔子說：「子張真是君子啊！」

子貢說：「子夏還傷心，您說他是君子；子張已經不悲傷了，您也說他是君子。兩人狀況不同，為何您都稱他們君子？」

孔子說：「子夏沒忘記哀傷，卻以禮義斷除哀傷；子張已經不再哀傷，卻能在歡樂時以禮義約束感情。他們不都是君子嗎？」

子貢說：「老師說得極是。」

有一次，子貢問孔子說：「從前齊君問您應如何治國，您說治國在於節省財力。」

孔子說：「是啊。」

子貢說：「魯君問您應如何治國，您說治國在於瞭解大臣。」

孔子說：「是啊。」

子貢說：「葉公問您應如何治國，您說治國在於使近處者高興，使遠處者來依附。」

孔子說：「沒錯，我是這樣回答。」

子貢問：「三人問題相同，而您的回答卻不同，難道治國有不同方法嗎？」

孔子說：「因為各國情況不同啊！齊君建造亭台水榭，修築園林宮殿，歌舞昇平一刻也沒停止過。有時一天賞賜三個千乘之家，所以我說治國在於節省財力。」

子貢說：「嗯，的確應該如此。」

孔子說：「魯君有三個大臣，在朝中愚弄國君，在朝外排斥諸侯，遮蔽魯君的目光，所以說為政在於瞭解大臣。」

子貢說：「是的。」

孔子說：「楚國國土廣闊而都城狹小，民眾不想住在都城，想離開那裡。所以我說治國在於使近處者高興，使遠處者來依附。這三個國家情況不同，所以施政也不同。」

子貢說：「是的，老師。」

又有一次，子路問孔子說：「聽到就應該去做嗎？」

孔子說：「有父兄在，怎能聽到就去做呢？」

冉求問：「聽到就應該去做嗎？」

孔子說：「聽到，應該立刻去做。」

公西華說：「為何老師對子路和冉求兩人的回答完全不同呢？」

孔子說：「冉求平常很退縮，所以我鼓勵他勇進；子路好勇過人，所以我要他謙退。」

孔子教學時，常常真情流露，誇獎學生，也常常真情流露，開口罵人。

有一次，孔子的老朋友原壤看到孔子來了，蹲在那兒等著。孔子對原壤說：「你小的時候不曉得謙順孝悌，長大了也沒什麼表現，如今老了還不死，真是禍害！」就順手用拐杖敲原壤的腳脛。

樊遲問孔子：「請問應如何種田、種菜？」孔子事後批評樊遲：「樊遲真是小人。」

南宮敬叔丟官之後，每次返國一定滿載珍寶去晉謁國君。孔子罵道：「南宮敬叔行賄求官，丟官還不如快點貧窮的好。」

宋國司馬桓魋為自己製造石槨，花了三年還沒做好，孔子說：「桓魋這麼奢侈，死後應該快點爛掉。」

宰予白天睡大覺，孔子罵他：「朽木不可雕也。」

孔子說：「只憑言辭論人，我對宰予判斷錯了。」嚇得宰予不敢再見孔子。

魯哀公十四年，孔子七十一歲。

那年春天，魯哀公在郊外狩獵時，叔孫氏的駕車手商捉到一隻麒麟。他折斷麒麟前面左腳，用車把它載回來。叔孫氏認為是不祥之兆，把麒麟拋棄城外。

叔孫氏派人問孔子說：「有隻頭長角的麇鹿，不知道是什麼？」

孔子前往觀看，說：「哎呀！這是麒麟啊，怎麼出來的呢？」孔子以袖子擦臉，眼淚把衣服都弄濕了。

叔孫氏聽孔子說是麒麟，便把它帶回去。

子貢問孔子說：「老師！您為什麼哭呢？」

孔子說：「麒麟出現，是聖王出世徵兆。但麒麟出現得不是時候，而且被人傷害，我是為此傷心啊！」

子貢說：「是啊，麒麟出現得真不是時候！」

孔子說：「當初我擔任大司寇時，有一隻神異鳳凰飛落到魯國宮廷，直到現在鳳凰都不再飛來，真令人悲哀啊！」

子貢說：「是的，老師。」

孔子說：「鳳凰不至，河圖不出，象徵聖人出世的現象都不曾出現，看來我這一生完了。黃河再也看不到神龍負河圖出世，洛水再不見神龜負洛書，我已經快完啦！」

於是孔子便根據魯國史書作《春秋》，上自魯隱公元年，下止於魯哀公十四年，包括魯國十二位國君。以魯國為中心記述，尊奉周王室為正統，以殷商為借鑒，上承夏商周法統，文辭簡約而旨意廣博。所以吳楚之君自稱為王，在《春秋》中仍貶稱為子爵。晉文公在踐土與諸侯會盟，事實上是召周襄王前來與會的，而《春秋》避諱說：「周天子巡狩於河陽。」

依此類推，《春秋》以此原則褒貶當時各種事件，後來，有一些國君加以推廣，使《春秋》之義天下通行，而令天下的亂臣賊子感到害怕起來。孔子擔任司寇審理案件時，會跟別人商議文句措辭，他從不獨斷獨行。寫《春秋》時則不同，該寫則寫，該刪則刪，連子夏這些長於文字的弟子，連一辭也不能增減。他讓弟子們學習《春秋》。

孔子說：「後人瞭解我將因為《春秋》，後人怪罪我也將因為《春秋》。」

有一天，魯哀公問孔子說：「我想談談魯國人才和如何治理國家，請問該如何選才？」

孔子回答道：「人分五等，有庸人、士人、君子、賢人、聖人，如果能分清這五類人，那治世的方法就都具備了。」

庸人

魯哀公問：「請問，什麼樣的人是庸人？」

孔子回答說：「所謂庸人，心中無謹慎行事的觀念，口中說不出有道理的話語，行事不依自己的能力，小事明白而大事糊塗，不知道自己在忙些什麼；隨波逐流，不知道自己在追求什麼；這種人就是庸人。」

士人

哀公問道：「什麼樣的人是士人？」

孔子回答說：「所謂士人，心中有原則，有明確計畫，即使不能盡到治國本分，也必有遵循法則；即使不能集各種善行於一身，也必有自己的操守。」

士人知識不一定廣博，但所知的正確。話不一定多，但所說的有理。路不一定走多，但所走的是正道。知道所知的正確、所說的有理、所走的是正道，則不拿生命形體去交易。他不認為富貴是好處，貧賤是損失，這樣的人就是士人。

君子

哀公問：「什麼樣的人是君子？」

孔子回答說：「所謂君子，言必忠信而心無怨恨，身懷仁義而不自誇，思想通達而說話不專斷，信仰理想而自強不息。從容的樣子看似很容易超越，但無法達到他的境界。這樣的人就是君子。」

賢人

魯哀公問：「什麼樣的人是賢人？」

孔子回答說：「所謂賢人，品德不逾越常規，行為符合禮法。言論可讓天下人效法，而不會傷身，道德足以感化百姓，而不招禍。雖然富有，而天下人無怨；施恩天下，而不病貧。這樣的人就是賢人。」

聖人

魯哀公又問：「什麼樣的人是聖人？」

孔子回答說：「所謂聖人，品德合於天地之道，變通自如，能探究萬事根本，調和自然法則，遵循大道成為自己的本性。光明如日月，變化如神靈。民眾不知道他的德行，看到他也不知道他就在旁邊。這樣的人就是聖人。」

魯哀公說：「好，講得真好！」

孔子說：「**好學近乎智，力行近乎仁，知恥近乎勇**。知道這三點，就知道修身；知道修身，就知道如何管理別人；知道管理別人，就能夠治理國家。」

魯哀公問：「什麼是為政之道？」

孔子說：「為政之道，在於慎選良臣。」

哀公問：「當今君主，誰最賢明？」

孔子回答說：「賢明的君主我還不曾見，或許是衛靈公吧！」

哀公問：「我聽說他家的門風男女長幼無分別，為什麼你說他是賢人呢？」

孔子說：「我說的是他在朝廷行為處事，而不是他的家庭事務。」

哀公問：「衛靈公處事如何？」

孔子回答說：「衛靈公的弟弟公子渠牟，智慧足以治理千乘之國，誠信足以守衛國家，衛靈公喜歡他，而且任用他。」

哀公說：「喔，是嗎？」

孔子說：「又有位名叫林國的士人，發現賢能者必推薦他做官，如果那人被罷官，林國還要把自己的俸祿分給他，因此衛國沒有放蕩之士。衛靈公認為林國賢明，因而尊敬他。」

哀公說：「林國的確賢明。」

孔子說：「又有位慶足的士人，衛國有大事，則必出來幫助治理；國家無事就辭官而讓其他的賢人被容納。衛靈公很喜歡他，而且尊敬他。」

哀公說：「慶足這個人值得尊敬。」

孔子說：「還有位史鰌的大夫，因為道不能實行而離開衛國。衛靈公在郊外住了三天，不彈奏琴瑟，要等史鰌回到衛國，他才要回城。臣舉這些事，所以才把衛靈公視為賢人。」

哀公說：「嗯，衛靈公的確是賢人。」

季康子也問孔子：「什麼是為政之道？」

孔子說：「所謂政治，就是正直。您以正直做表率，誰還敢不正直？」

季康子苦於盜賊之患，問孔子說：「該怎麼辦？」

孔子回答說：「如果您不貪圖財物，即使獎勵大家來偷，他們也不幹。」

季康子問孔子說：「這些年來，您多次到衛國，您認為衛靈公如何？」

孔子說：「衛靈公無道。」

季康子說：「既然如此，為什麼衛國不敗亡呢？」

孔子說：「因為他用仲叔圉主管外交、祝鮀管理宗廟、王孫賈統率軍隊，這樣衛國怎麼會敗亡呢？」

季康子向孔子問政：「如果殺掉不守道義之人，親近有道，這樣做如何？」

孔子說：「治理國家何必殺戮呢？只要一心向善，人民便跟著向善。君子的德行像風，小民的德行像草，風從草上吹過，草必隨風而動。」

孔子陪季康子閒談時，有位名叫通的家臣進來問季康子說：「國君派人來借馬，我們要借給他嗎？」

孔子說：「我聽說國君向臣子尋求什麼叫作取，不叫借。」

於是季孫氏告訴通說：「從今以後，國君有所尋求就說取，不要說借。」由於孔子糾正了「借馬」的用詞，君臣名分的準則也就確定了。

季康子專權把持國政，魯國有人質疑孔子：「我們不瞭解，你為何還要跟季康子相處？」

孔子說：「龍在清水中覓食，在清水中暢遊，龜在清水中覓食，在濁水中遊玩，魚在濁水中覓食，在清水中遊玩。我雖然不是龍，也不是魚，三者之間我總能趕上烏龜吧！」

有一天，魯哀公問顏闔說：「我要請仲尼做輔相，國家可以得治嗎？」

顏闔說：「危險啊！危險！仲尼喜歡文過飾非，辦事花言巧語，以枝葉代替旨美，矯飾性情以誇示民眾而不智不誠。受心指使，以精神為主宰，讓民眾離開樸實而學虛偽，不足以教育民眾。為後世考慮，不能讓他治理國家！」

魯哀公說：「好吧，不用他就是了。」

孔子歸國以後，魯哀公與季康氏雖時常向孔子問政，還是不重用孔子，孔子也不再要求出來做官了。僅以「國老」家居。

孔子說：「詩人常恨自己不能保持沉默，我恨自己不能及時退隱。因此東南西北周遊列國，快七十歲了，政治理想還沒人採用。在此之後才退隱林下，以文字結集王道理想，編寫《春秋》史書，希望流傳萬代之後，天下人可以選擇一條正路。」

孔子晚年喜歡讀《易經》，並且撰寫了《彖》、《象》、《繫辭》、《文言》、《序卦》、《說卦》、《雜卦》等，合稱「十翼」，又稱《易大傳》。孔子勤讀《易經》，致使編綴竹簡的皮條多次斷開。

孔子說：「假如讓我多活幾年，我就可以完全掌握《易》的文與質了。那麼就可以不犯大錯誤了。」

孔子平時在洙泗之濱講習，教授門人。他收學生，不分貧富貴賤全部俱收，並且因材施教。孔子說：「我傳授知識而不創作，篤信堯舜禹湯文武的道理，而喜歡古時的文化，私下效法商朝的賢大夫老彭。」

孔子說：「學生們啊！要努力用功啊，不放棄自己，別人可能捨棄我們，更何況自己主動放棄自己呢？人們都違背我們的意志，我們的理想之路還遠得很呢！」

孔子的時代，周室衰微，禮樂崩壞，《詩》、《尚書》也殘缺不全。孔子研究夏商周三代禮儀制度編《尚書》，上自唐堯、虞舜，下至秦穆公，依先後編排。

孔子說：「現在天子舉行的祭祖，我從一開始就看不下去了。」

有人問：「天子舉行祭祖的意義是什麼？」

孔子說：「不知道，知道的人治理天下，如同擺在掌中之物！」孔子指了一指自己的手掌。

孔子說：「夏朝之禮我能說清楚，杞國不足以證明；殷商之禮我能說清楚，宋國不足以證明。現在無法證明是因為文獻不足以引證古代的禮制了。」孔子考察夏商之間禮制的增減，孔子說：「即使經過一百世代，禮制的增減是可預知的，有的是重視文采，有的是重視實質。」

孔子說：「周禮借鑒了夏、商兩朝的禮法，真是豐富多彩啊！我贊同周禮。我自衛國返回魯國之後，便開始修正詩樂，使《雅》、《頌》恢復原來的曲調。」所以《尚書》經義的傳述和《禮記》都出自於孔子。

孔子說：「古代流傳的《詩經》有三千多篇，《詩經》最早是敘述殷始祖契、周始祖后稷，其次是敘述殷、周兩代興盛，直到周幽王、周厲王的缺失，一開始則是敘述男女感情。所以說：「《關雎》做為《國風》的第一篇；《鹿鳴》做為《小雅》的第一篇；《文王》做為《大雅》的第一篇；《清廟》做為《頌》的第一篇。」三百零五篇詩，孔子都能演唱，合乎《韶》、《武》、《雅》、《頌》的曲調。先王的禮樂從此才得以稱述。

孔子也完成了《詩》、《書》、《樂》、《易》、《春秋》六藝的編撰。孔子以詩、書、禮、樂教育門生，就學的弟子大約在三千人，其中精通禮、樂、射、御、書、數六種技藝的有七十二人。像顏濁鄒那樣的人，受孔子教誨卻沒正式拜師的弟子就更多了。

孔子以四個主題教育弟子：學問、言行、忠恕、信義。他為弟子訂立四條禁律：不揣測、不武斷、不固執、不自以為是。不談論怪、力、亂、神的事情。

孔子也極少主動談到利益、命運、仁德。因為談到利就會不顧道義；而命運太玄妙，仁德又是那麼遠大。孔子謹慎小心對待的三件事：齋戒、戰爭、疾病。他說：多責備自己，少責備別人，則能遠離怨尤。

六月初五，齊國陳恒在舒州殺了國君壬。孔子齋戒三天，三次請求攻打齊國。

哀公說：「魯國被齊國削弱已經很久了，攻打齊國，您打算怎麼辦？」

孔子回答說：「陳恆殺了他們的國君，百姓不親附的有一半。用魯國的群眾，加上齊國不服從陳恆的一半，是可以戰勝的。」

魯哀公說：「你去向三位大夫報告吧。」

孔子退朝後說：「因為我曾做過大夫，不敢不向魯君報告啊！而魯君卻要我向三家大夫報告！」

孔子只好向三位大夫報告，他們不同意出兵討伐。孔子說：「因為我曾做過大夫，不敢不來報告！」

這一年，孔子最喜歡的弟子顏回，才三十二歲就死了。孔子大聲哀號：「哇！我這大道沒得傳了。哇！天亡我也，天亡我也！」

有一天，哀公問：「你的學生有哪些人？」

孔子說：「我的學生大約有三千人，道藝精通的弟子有七十七人，他們各有特出的才能和成就。」

魯哀公說：「你說說看。」

孔子說：「品德高尚的有顏淵、閔子騫、冉伯牛、仲弓；善於政事的有冉求、子路；擅長言語的有宰予、子貢；精通文學的有子游、子夏。」

孔子說：「曾跟隨我受困陳蔡受苦的弟子，現在都不在我身邊了。」

哀公問說：「學生中，哪一個最好學？」

孔子說：「有個叫顏回的最為好學，他若發怒，便會立刻化解；他犯了錯，絕不會再犯。不幸短命死了！現在再也沒有聽見這樣好學的人。」

魯哀公十五年，孔子七十二歲。

孔子病了，魯哀公派一位醫生替他看病，醫生問孔子說：「先生平常的生活習慣如何？」

孔子說：「我春天住在葛草暖屋，夏天住在太陽曬不到的房子，秋天風吹不著，冬天不烤火，飲食不匆忙，喝酒不過量。」

醫生說：「這就是一副好藥方。」

魯哀公十五年閏十二月。

子路和子羔同時在衛國做官，探子回來報告：「衛國蒯聵發動叛亂了。」

孔子聽完，哀戚頓足歎道：「子羔會回來，子路一定會死於這場叛亂。」

不久，衛國使者來報：「子路已經死於這場叛亂。」

孔子慘叫：「哇！不幸被我料中。」

孔子在中庭哭過子路之後，召使者問：「子路的死況如何？」

使者說：「子路死後被砍成肉醬。」

孔子哀號一聲：「子路你死得好慘啊！」

然後轉頭告訴門人說：「把家裡的肉醬統統倒掉！」

門人說：「是的。」

孔子說：「今後，我怎能忍心再吃肉醬呢？」

門人說：「是的，老師。」

孔子哭道：「子路啊！你怎麼死得這麼慘啊！顏回啊！你怎麼死得這麼早呢。」

受到顏回、子路接連死去的一系列打擊，孔子知道自己時日不多了。

魯哀公十六年孟春四月，孔子七十三歲。

洙泗之濱，潺潺水邊飛來一隻夜鷺，輕盈地停在枝頭，雙目緊盯河中嬉戲的小溪魚。瀰漫學堂周邊的晨霧逐漸消逝，泰山在朦朧中慢慢現出它雄偉的身影。

孔子早晨起來，背著手，拖著拐杖，在學堂門口逍遙漫步。孔子說：「我衰老極了，很久很久都沒有夢見周公了。」

孔子抬頭仰望泰山，吟唱著歌：「泰山就這樣崩壞嗎？梁柱就這樣摧折嗎？」天空浮現堯舜的身影，孔子淚流滿面地說：「哲人就這樣凋謝嗎？天下失去常道已經很久了，世人都不能遵循我的治國理想。」

子貢快步走過來，說：「泰山崩塌了我仰望什麼呢？梁柱摧折了我依靠什麼呢？哲人凋謝了我要跟隨誰呢？老師大概病得很重了。」

孔子歎息說：「子貢啊！你怎麼來得這麼遲呢？」

子貢說：「老師。」

孔子說：「昨晚夢到我的祭奠在兩柱之間。夏人停棺於東廂台階，是主人迎賓之處。殷人停棺於堂屋兩柱之間，是賓主之間的夾縫。周人停棺於西廂台階，是主人以禮待賓的地方。而我是殷人處於夾縫之中。」

子貢說：「是啊！老師是殷人。」
孔子說：「如果天下無明君，又有誰注意夾縫中的我呢？看來我不久就要死了。」
子貢含著淚說：「老師啊。」

隨後臥病七天，孔子就死了。死於魯哀公十六年四月己丑日，享年七十三歲。魯哀公為孔子作一篇悼詞：「上天真是不仁，不肯留下這位國老，余一人孤單伶仃，憂憂戚戚。唉呀尼父[16]啊！我是多麼悲哀！」

子貢說：「魯君他難道不能終老在魯國嗎？老師說：『禮失則昏亂，名失則罪過。志失則昏亂，失其所宜為罪過。』老師活著時不用他，死後才作祭文哀悼，不合於禮。自稱『余一人』有失國君身分。魯君名禮兩失呀！」

孔子去世之時，弟子們不清楚應該為老師穿什麼喪服。

子貢說：「從前老師哀悼顏淵時，悲痛如同喪子一樣，但不穿任何喪服。哀悼子路時也是這樣。讓我們悼念老師，就像悼念父親一樣，也不穿任何喪服。」

埋葬孔子之時，有來自遙遠燕國的人來參觀，住在子夏家裡。

子夏說：「這不是聖人在葬別人，而是我們在葬聖人，有什麼值得看的呢？過去老師曾談及築墳樣式說：『我見過墳築得像堂基，像堤防，有兩簷飛出門廊，有斧刃向上。我死後，我的墓要以斧刃向上的形式。』斧刃向上的形式，叫馬鬣封。我們今天為老師築墳，一天就聚土四尺，築成斧刃向上形式，算是完成老師的遺願。」

孔子死後，葬於魯城北面的泗水岸邊，學生們為感戴老師的恩德，由子貢提議，大家為老師守喪三年。這三年間弟子們都頭纏孝布，腰束麻繩。只有在弟子們相聚時才帶孝，單獨出門辦事時則不帶孝。

歲月在憂思哀傷中過去了，孔子的門生想留的留，想走的走。大家相互告別時，又相對而泣。只有子貢在墓旁搭間小粗屋，守墓六年才離去。

由於當時各國諸侯君主對人才的強烈需求，有才學的弟子們也分散到各地傳播孔子之道。樊遲、閔子騫和宓子賤到棠地辦學，傳道於濟水一帶。

被後世稱為「傳經」之儒的子夏，也應魏文侯招聘，擔起教育魏國子弟的責任。而被後世稱為「傳道」之儒的曾子，則留下來，致力於孔學的傳授。曾子就利用這個環境，聚集了

---

⑯對孔子的尊稱。

魯國的年輕人，從事儒學的傳布工作。

曾子和子游、子夏在對孔子學說的傳承有所不同。子游、子夏這一派著重在形式的儀禮和實際的政務。而曾子所重視的，卻是孔子學說中人類自覺精神的忠恕誠信之德。曾子所傳的孔子之道，由孔子的孫子子思傳承接續，子思死後，再由子思的門人傳給孟子。自孔子死後，他的門人及魯人相繼聚居在他的墓旁，形成一個小部落，稱為孔里。

孔子的家宅照原來的樣子陳列著他的遺物，並改為廟，成為崇尚儒學者的聖地。魯國世代相傳，每年定時到孔子墓前祭拜，儒生們也常在這裡講習禮儀，舉行飲酒禮、比射等儀式。孔子墓園大約有一頃。孔子故居和門生的住所，後來就改為孔廟，藉以收藏孔子的衣冠、琴、車子、書籍，直到漢代兩百多年間，一直長期維續。

漢太祖高皇帝劉邦經過魯地時，以牛羊豬三牲的太牢祭祀孔子。諸侯、卿大夫、宰相一到任，經常先去拜謁孔子墓，然後才去就職從政。

孔子生了鯉，字伯魚。伯魚享年五十歲，比孔子先過世。伯魚生了伋，字子思，享年六十二歲，曾受困於宋國，作了《中庸》。子思生了白，字子上，享年四十七歲。子上生了求，字子家，享年四十五歲。子家生了箕，字子京，享年四十六歲。子京生了穿，字子高，享年五十一歲。子高生了子慎，享年五十七歲，曾任魏國宰相。子慎生鮒，年五十七，為陳王涉博士，死於陳下。鮒弟子襄，年五十七，曾為孝惠皇帝博士，後為長沙太守，長九尺六寸。子襄生忠，年五十七。忠生武。武生延年及安國。安國為漢武帝博士，官至臨淮太守。安國生卬。卬生驩。太史公司馬遷說：「《詩經》說：『像高山一樣令人景仰，像大道一樣令人遵循。』雖然我無法達到這種境界，但內心卻非常嚮往。我讀孔子的著作，可以想像他的為人。」

太史公說：「我親自到魯地參觀孔子的廟堂、車輛、衣服、禮器，目睹學生們按時到孔子故居演習禮儀，我懷著崇敬之心流連不去。」

仲尼弟子列傳

優異弟子傳承哲人的思想

古今中外的哲學思想得以傳承，主要來自兩個方面：一是依靠哲學家本人的著作，老子、莊子、孫子是透過哲學家自己的著作《道德經》、《南華真經》、《孫子兵法》而傳世，如同李白、杜甫由於他們本身的詩作揚名天下。

另一方面則是依靠人數眾多的優異弟子傳承哲人的思想。例如臨濟宗成為當今禪宗最大宗派，主要原因是馬祖道一弟子眾多，親承弟子八十八人，玄徒一千多人。馬祖傳百丈，百丈傳黃蘗，黃蘗傳臨濟，臨濟禪師出色弟子輩出，最後被追奉為臨濟宗始祖。

耶穌基督在世時有十二門徒，耶穌也是弟子眾多，經後世弟子保羅的努力使天主教成為羅馬國教，天主教才得以傳世。

《聖經新約》是由耶穌的弟子們記載而成的，孔子跟耶穌基督很像，孔子述而不著，論述孔子思想和言行的《論語》，也是經由弟子和玄徒所記載而成的經典。

孔子思想能發揚光大，除了孔子自己本身思想獨特，言行值得後人追隨效仿之外，也跟孔子有很多不同長才的弟子有關。

孔子在世時弟子眾多，有精於財貨與外交的子貢，精於武藝的冉求、樊遲、子路、公良孺，品德高尚的顏淵、閔子騫、冉伯牛、仲弓，精通文學的子游、子夏。孔子過世後，曾子留在曲阜致力於孔學傳授，子夏到河西廣收弟子傳承孔子思想。所以提到孔子影響整個中國文化與教育制度，開創東方儒家思想，就不能不提孔子不同長才的優異弟子們。

孔子說：「我的學生中道藝精通的弟子有七十七人，他們各有特出的才能和成就。」

孔子的學生中，品德高尚的有顏淵、閔子騫、冉伯牛、仲弓；善於政事的有冉求、子路；擅長言語的有宰予、子貢；精通文學的有子游、子夏。

子張個性偏激，曾子遲鈍，子羔愚笨，子路粗魯，顏回貧窮無所有。子貢不接受命運擺布而去經商，他也很善於掌握市場行情。

孔子情緒不高漲時，有子路陪侍；穿著不講究時，有公西華陪侍；不研習禮樂時，有子貢陪侍；不言語修飾時，有宰予陪侍；不能辨析古今典籍時，有顏回陪侍；小事忘記節制時，有冉伯牛陪侍。孔子說：「我靠這六位學生來激勵自己。」

孔門弟子的不同特徵，有一次，晏子跟齊景公說：「我聽說孔子居處困倦，舉止隨便時，公晳哀、原憲協助他；精氣壅塞、鬱積生病，思想不順暢時，子路、子夏協助他；德義不昌盛、行為不勤勉時，顏回、閔子騫、仲弓等協助他。」

一、顏回

顏回，魯國人，字子淵，小孔子三十歲。顏回十三歲便拜孔子為師，二十九歲頭髮就全白了，三十二歲就死了。顏回的品德操守高尚聞名，孔子十分讚賞他的仁愛。他隨侍在孔子身旁，正直恭敬；有一天，孔子對顏回說：「顏回，你過來！你家庭貧困，為何不去做官呢？」

顏回回答說：「我城外有五十畝地，足以供給稠粥；城內有十畝土地，足以穿絲麻；彈琴足以自娛，學先生之道足以快樂，所以不想做官。」

孔子說：「好啊！我聽說：『知足者，不以利祿自累；審視自得者，損失而不憂懼；內心修養者，無官位而不慚愧。』我誦讀這些話已經很久了，現在才在顏回身上看到，這是我的心得啊！」

孔子最喜歡的學生就是顏回了，孔子對顏回說：「受重用時便展露才華；不受重用時就藏身自好，只有你我才做得到！」

孔子說：「顏回能做到三個月不違反仁道；其他人只能在短時間內做到。」

顏淵曾問孔子：「如何治理國家？」

孔子說：「用夏朝的曆法，乘商朝的車輛，戴周朝的禮帽，演奏《韶樂》，遠離能言善辯者，禁止鄭國樂曲，鄭國樂曲浮靡淫穢，誇誇其談的人太危險。」

顏淵感歎說：「老師的學問愈仰望愈高聳，愈鑽研愈覺得深厚；看著它在眼前，忽然又在後面。老師善於誘導，用知識豐富我，用禮法約束我，想不學都難。我竭盡全力，仍然像座高山矗立眼前，想追隨它前進，卻不知道從何處著手。」

自從有了顏回，門人之間的感情日益親密了。孔子以《詩經》的話形容顏淵：「『遇到國君寵愛，便能成就他的德業。永遠恭敬盡孝道，以孝為生活準則。』如果顏回遇到有德君王，便能世代享有帝王給予的美譽，不會喪失美名。被君王任用，會成為君王的輔佐。」

子貢說：「很早起床背誦經書，崇尚禮義，行為不犯二過，說話不苟且，是顏淵的品行。」

顏淵問：「什麼是仁？」

孔子說：「約束自己，使言行合乎於禮，天下人便會稱讚你是有仁德的人。」

顏回智商很高很聰明，有一次，顏淵在高台上陪著魯定公，東野畢在台下駕馬車。

定公說：「東野畢駕車的技術太高明啦！」

顏回說：「東野畢確實善於駕車，但是他的馬將來一定會逃走。」

魯定公聽了不高興，跟他身邊的人說：「我聽說，君子不在背後說人壞話，君子也會在背後說人壞話嗎？」

顏淵就兩步併作一步地跨著台階離開了。顏回回去後過了三天，養馬的人說：「東野畢的馬逃走了，兩匹驂馬跑了，兩匹服馬進了馬廄。」

魯定公聽了，越過席位站起來，立刻備車召見顏回。顏回到了之後，魯定公說：「前天我問你東野畢駕車之事，你說：『東野畢確實善於駕車，但是他的馬將來一定會逃走。』我不明白你是怎麼知道的？」

顏回說：「我根據先王治國知道的。從前帝舜善於管理百姓，造父善於馭馬。舜不耗盡民力，造父不讓馬筋疲力盡，因此舜無逃亡的百姓，造父無逃跑的馬。」

顏回說：「現在東野畢駕車，拉緊韁繩，上好馬嚼子；縱馬於峻險之地，長途奔跑，耗盡馬力還要馬不停狂奔。我因此知道馬會走失。」

魯定公說：「說得好！情況的確如你所說的。先生的話很有意思，你能再多說一些嗎？」

顏回說：「我聽說鳥急了則啄人，獸急了則抓人，人窮了則狡詐，馬急了則會逃跑。從古至今，沒有使手下陷入困境而無害於自己的。」

魯定公聽了很高興，於是把此事告訴孔子。孔子說：「他所以是顏回，在於他常有這類表現，不必過分誇獎他。」

孔子在衛國時，清晨起床，顏回侍於身旁，孔子聽到有人哭得非常悲傷。

孔子問：「顏回啊，由哭聲你聽得出他是因何而哭的嗎？」

顏回說：「我認為這哭聲不是為了死別，是為生離而哭的。」

孔子問：「你怎麼知道？」

顏回說：「我聽說桓山之鳥，生四隻小鳥，小鳥長大之後，即將飛往四方，母鳥悲鳴送行，哀聲有如我們聽到的哭聲，都因親人即將遠離不再回來而悲鳴。我是根據聲音相同而得知的。」

孔子派人去問哭的人，那個人說：「我父死家貧，只好賣小孩來埋葬父親。現在我正和孩子永別。」

孔子感慨地說：「顏回真是善於辨音呀！」

孔子派子貢出外辦事，子貢一直沒回來，孔子急著去占卜，得了鼎卦。

他對學生們說：「古人占卜遇到鼎卦，都說無腳不來。」

顏回摀著嘴笑。孔子說：「顏回，你為什麼笑？」

顏回說：「我認為子貢一定會回來。」

孔子說：「怎麼說？」

顏回回答說：「無腳不來，他會乘船回來。」

沒多久，子貢果真乘船回來。

顏回問孔子說：「小人之言跟君子相同嗎？君子不能不仔細分辨清楚啊！」

孔子說：「君子依行為說話，小人依舌頭說話。因此君子在義的方面要求別人，平時則關愛別人。小人在造亂時志同道合，平時則互相憎惡。」

顏回問：「朋友關係，應如何處理？」

孔子說：「君子對於朋友，心裡必有自認為做得不足之處，但不能說我不知道。仁者不忘積蓄仁德，也不積存舊怨，這才是仁德啊！」

叔孫武叔還沒做官時，曾受顏回接待，顏回對下人說：「以賓客之禮接待他。」

武叔很喜歡指責別人的過失並加以評論，顏回說：「您這種做法肯定會自取其辱，您應該聽從我的勸告啊。我聽過孔子說：『說別人缺點，不能美化自己。說別人行為不正，不能使自己的行為端正。』因此君子只批評自己的缺點，不指責別人的缺點。」

顏回問：「如何才能稱之為君子？」

孔子說：「關愛別人近乎於仁，深思熟慮近乎於智，對自己關愛不多，對別人體貼愛護，這就是君子。」

顏回說：「怎麼樣才不是君子？」

孔子說，「不學習就去做，不思考就想獲得。顏回啊！你要好好努力。」

顏回問孔子說：「怎樣的人是小人？」

孔子說：「以攻擊別人的優點，當作能言善道，以狡猾奸詐，當作智慧過人。別人有過失就幸災樂禍，自己不肯學習，又瞧不起沒有才能的人，這種人就是小人。」

顏回問子路：「一個人勇猛勝過德行，很少能死得其所，為何不謹慎一點呢？」

孔子對顏回說：「人們都知道謹慎的好處，但卻無法自我控制，無人真正去做。為何願道聽塗說而不多想一想呢？」

顏回很喜歡學習，有一次，顏回和子路一起到洙水洗澡，看到五色鳥在河中戲水。

顏回問子路說：「這是什麼鳥？」
子路說：「這叫熒熒鳥。」
過了些日子，顏回又跟子路到泗水洗澡，又在河中看見五色鳥。
顏回再問子路說：「您認得這鳥嗎？」
子路說：「這是同同鳥。」
顏回問：「為何一種鳥有兩個名字？」
子路說：「就像魯絹，煮之則為帛，染之則為皂。一種鳥有兩個名字不是很自然嗎？」
仲孫何忌問顏回說：「仁者說一個字，一定對仁德、智力有好處，你能說給我聽嗎？」
顏回說：「說一個字對智力有好處，沒有比得上『預』字的了；說一個字對仁德有好處，沒有比得上『恕』字的了。懂得什麼不該做，便懂得什麼是該做的了。」
魯哀公四年，顏淵三十二歲就死了，他死時，孔子哭得很傷心。顏回的父親顏路請求孔子賣掉車子，替顏回買個外槨。
孔子說：「無論有才無才都是個兒子。我的兒子孔鯉死時，有棺無槨。我不能賣車為顏回買棺槨，因為我做過大夫，不可以步行。」
顏淵死後，門人想要厚葬他。孔子說：「不可以！」門人還是厚葬了他。

孔子說：「顏回把我當作父親，我卻不能把他當作兒子。不是我要厚葬顏回，是學生們背著我做的啊！」

孔子辦完顏回的喪禮之後，顏回的父親顏路送祭肉給孔子，孔子親自出門接受。進入房裡，孔子先彈琴排遣感傷，然後才吃祭肉。

顏回死後，有一天季康子問孔子說：「你的學生中，誰最好學？」

孔子答：「顏回最好學，可惜他短命死了，現在沒有好學不倦的學生了。莊稼出苗而不開花吐穗是有的；開花而不結果也是有的。」

二、閔損

閔損，字子騫，魯國人，小孔子十五歲。孔子弟子中以德行修養而著稱，在這方面和顏淵齊名。孔子對閔損的評價：「閔子騫為寡言穩重，一旦開口語必中肯。」

閔子騫非常孝順，他十歲喪母，父親閔世恭再娶，繼母給自己兩個兒子做的棉衣裡裝的是棉花，給閔子騫做的棉衣裡裝的是不能禦寒的蘆花。冬天父親外出，閔子騫替父親駕馬，行至蕭國時，閔子騫冷得直發抖，韁繩從手裡掉下來，父親握著他的手發覺手很冷，才知道他穿的棉衣裝的是蘆花，父親非常生氣，決定休了這個虐待他的繼母。

閔子騫雙膝跪地，苦勸父親說：「母在，一子單，母去，三子寒。請父親留下高堂母，讓全家得以團圓。」繼母深受感動，從此便對三個兒子一般看待。這個故事很感人，當時有人作詩稱頌閔子騫的孝舉：「閔氏有賢郎，何曾怨後娘；車前留母在，三子免風霜。」

後來閔子騫拜孔子為師，由於家貧交不起學費，他奉上一缸精心釀製的佳釀。門人嗤笑說：「曹溪之水，怎能抵得上束脩？」

孔子說：「閔子騫千里求學，精神可嘉，雖是曹溪一滴，遠勝束脩百條。」

孔子讚美說：「閔子騫真是個孝子啊！他順事父母，友愛兄弟，人們都贊同他父母兄弟對他的讚譽。」

閔子騫品德很高尚，他隨侍在孔子身旁，正直恭敬。季氏派人請閔子騫出任費城邑宰，閔子騫說：「請替我婉言謝絕了吧！如果再來召我的話，我就渡過汶水出國去了。」

孔子說：「他潔身自愛，不出任權臣的家臣，不接受昏君的俸祿。」後來經孔子勸說，還是做了費城邑宰。

他問孔子說：「什麼是治理民眾的方法？」

孔子說：「治理百姓有如駕馬車，人民是馬，國君是車夫，官吏是轡繩，刑罰是馬鞭。君王執政，只要握好轡繩和馬鞭就可以。古代天子以內史為左右手，以德政法制為馬的嚼口，以百官為轡繩，以刑罰為馬鞭，以萬民為馬。所以能駕馭天下數百年而不失去。善於馭馬的人，要安正馬的嚼口，備好轡繩馬鞭，均衡馬力，人與馬齊心合力。所以不吆喝，馬便跟隨著轡繩的鬆緊前進，不必揚鞭就能前進千里。」

魯國人改建長府。閔子騫說：「照老樣子就好，為何一定要改建呢？」孔子說：「閔子騫很少說話，但一開口就就切中了要害。」

閔子騫把費邑治理得很好，但看不慣季氏行為，因此辭職隨孔子周遊列國，最後病卒於長清縣。

三、冉耕

冉耕，魯國人，字伯牛，小孔子七歲，以品德操行聞名。伯牛的德行，與顏淵、閔子騫等並駕，伯牛以德行見稱於孔子。伯牛隨侍在孔子身旁，正直恭敬；他曾任魯國的中都宰，孔子很器重他。

伯牛得了絕症，不願見人。孔子去問候他時，從窗戶外握著伯牛的手說：「快要死了，伯牛命該如此嗎？這種好人卻得了這種病，這是命啊！」

四、冉雍

冉雍，字仲弓，和冉耕、冉求同族，魯國人，小孔子二十九歲。仲弓身處貧困，能矜持莊重，任用臣子像待客一樣客氣。不遷怒別人，不抱怨別人，不記恨別人的過失，這是仲弓的品行。仲弓家世不好，父親身分卑賤。

孔子說：「即使是耕牛所生的小牛只要是毛色純赤，頭角端正，就具備了做犧牛的體德。雖然人們顧忌它的出身低，而不用來做祭牛，難道山川的神靈會捨棄它嗎？仲弓啊，他足以當一方長官。」

仲弓曾問孔子：「怎樣才能算是仁？」

孔子說：「出門要像拜見貴賓一樣恭敬。派用老百姓做事時，要像負責大祭一樣的鄭重。自己所不喜歡的，不要加在別人身上。在諸侯的邦國做事毫無怨言，在卿、大夫家做事也無怨言。」

仲弓說：「我雖然稍魯鈍些，但我希望能遵照這些話去努力。」

有人說：「仲弓有仁德，但卻沒有口才。」

孔子說：「要口才幹什麼？善辯者常讓人討厭。我不知道他是否有仁德，光有口才有什麼用呢？」

仲弓問：「子桑伯子這人如何？」

孔子說：「不錯，辦事有原則。」

仲弓說：「敬業又依法辦事，這就已經很不錯了。他還能以身作則，這才是真正有原則呀？」

孔子說：「你說得對極了。」

仲弓做了季氏的家臣，他問孔子說：「如何管理政事？」

孔子說：「使下屬各司其職，赦免下屬的小錯，提拔賢才。」

仲弓又問：「怎樣知道誰是賢才呢？」

孔子說：「先提拔你所知道的，至於你不知道，別人難道會埋沒他嗎？」

孔子認為仲弓在德行方面有成就。孔子說：「如果讓他做卿大夫，仲弓必能獨當一面。」

仲弓曾問政於孔子，孔子教仲弓存心敬恕重修身，辦事從大體著想，多舉賢才。隨孔子周遊列國後，回魯後的第三年，四十一歲的仲弓當上了魯國季氏的總管。

仲弓問孔子說：「我聽說：有嚴刑則不需要政令，有完善政令則不需要刑罰。有嚴刑不用政令：夏桀、商紂的時代就是如此。有完善政令不用刑罰：周成王周康王的時代就是如此。這是真的嗎？」

孔子說：「聖人之治教化人民，必須刑罰政令相互使用。最好的辦法是以道德教化民眾，以禮統一思想。其次是用政令刑罰教導民眾，以刑罰禁止他們，是為了不用刑罰。教化而不改，教導又不聽，損害義理敗壞風俗者，只好以刑罰懲處。專用五刑治民，必須符合天道，執行刑罰，罪行輕也不能赦免。刑就是侀；侀就是已成事實不可改變。所以官員審理案件要盡心。」

仲弓說：「古代審理案件，判刑依事實不依內心。老師可以說給我聽嗎？」

孔子說：「審理五刑之訟，必須推究父子之情，依君臣之義衡量，發揮忠愛之心探明案情。大司寇的職責是正定刑法，明斷案情，審理案件，並聽取群臣、群吏和萬民意見。」

孔子評論仲弓為：「有土地的君子，有民眾可支配，有刑罰可施用，然後才稱得上可遷怒於人。」

五、冉求

冉求，字子有，和冉耕、冉雍同族，比孔子小二十九歲。冉求曾當過季孫氏家臣。後來曾隨孔子周遊列國。孔子晚年歸隱魯國，冉求出了不少力。

冉求學習時，跟孔子說：「我不是不喜歡老師的學說，而是因為我能力不足。」

孔子說：「能力不足會半途而廢，但你是給自己畫界限，不肯前進。」

冉求當官時，則盡責處理政務，不當官時，則在孔子門下學習。

孔子以《詩經》讚美冉求：「『接受大法小法，庇護下方諸侯，天子授予榮寵。不膽怯不惶恐，施神威奏戰功。』強壯又勇猛啊！文采不勝質樸。尊敬長輩，同情幼小，不忘旅人，喜好學習，博綜群藝，體憫萬物而勤勞，這是冉求的品行。」

因此孔子對他說：「好學則有智，同情孤寡則仁愛，恭敬則近乎禮，勤勞則有收穫。堯舜忠誠謙恭，所以能稱王天下。」

孔子很稱讚冉求說：「你應成為國家卿大夫。」

孔子對冉求的才藝非常欣賞。有一次，子路問：「怎樣才算才德兼備？」

孔子說：「有臧武仲的智慧，孟公綽的不貪欲，卞莊子的勇敢，冉求的才藝；並且熟悉禮樂，便算是才德兼備了。」

季康子問孔子說：「冉求可以當官嗎？」

孔子說：「冉求多才多藝，當官有什麼困難呢？」

冉求做季氏家臣之長。孟武伯問孔子說：「冉求有仁德嗎？」

孔子說：「在千戶邑地或百輛兵車之家，可以讓冉求當個總管，但我也不知道他是否做到了仁？」

季康子又問：「子路有仁德嗎？」

孔子回答說：「子路的仁德，有如冉求一樣。」

季子然問：「子路、冉求可稱得上大臣嗎？」

孔子說：「我以為您問什麼呢，原來是問子路和冉求啊。所謂大臣是以道事奉君主，如果行不通就辭職。現在子路和冉求，只能稱得上有才幹的臣。」

季子然又問：「他們會順從君主碼？」

孔子說：「殺父弒君的事，他們是不會跟著做的。」

季康子要攻打顓臾。冉求、子路去見孔子說：「季氏要對顓臾用兵了。」

孔子說：「冉求！這難道不應該責備你們嗎？顓臾曾做過先王的東盟主，就在魯國境內，是魯國臣屬，為什麼要去攻打它呢？」

冉求說：「季氏要這麼做，我和子路都不同意這麼做。」

孔子說：「冉求！周任說：『能夠貢獻力量，才任宮就職，如果不能則應辭職。』危險時不扶持，跌倒時不攙扶，要你這個助手何用？老虎犀牛跑出籠子，龜甲玉器在匣子裡毀壞，是誰的過錯？」

冉求說：「現在顓臾國力堅強，距離費城很近，如果今天不攻取，將來必成為子孫的後患。」

孔子說：「冉求！君子最痛恨不直說卻找藉口掩飾的人。我聽說諸侯大夫不怕貧窮而怕不均，不怕人民少而怕不安定。因為均富則無貧窮，人民和睦就安定沒有危險。如果遠方的人不服，就用仁政招徠他們；來了之後就要安撫他們。現在你二人輔助季氏，遠方的人不歸服卻不能招徠他們；國內民心離散，你們不能保全，反而策劃在國內動干戈。我只怕季孫的憂患不在顓臾，而在自己的內部。」

冉求曾經因為想替季康子增加稅收，而被孔子責備，孔子說：「季氏的財富多過周公，而冉求還幫他搜括錢財，增加季氏的財富。他不是我的學生了，你們可以敲鑼打鼓地去聲討他。」

六、子路

子路，字仲由，卞地方的人，比孔子小九歲。子路喜歡跟隨孔子出遊，曾遇到過長沮、桀溺、扛著農具的老人等隱士。孔子說：「自從我有了子路之後，再也聽不到惡言惡語。」

子路本來是一位個性剛猛粗野爽直的魯國勇士，喜歡逞兇鬥狠。有一天，子路頭戴雞冠帽，身穿戰袍，佩帶豬皮寶劍，一臉兇相地跑到學堂想欺凌孔子。面對孔子，子路赫然拔出劍來翩翩起舞。

孔子鼓掌笑道：「劍舞得不錯。」

子路問孔子說：「請問，古代君子能以劍自衛嗎？」

孔子說：「古之君子以忠誠為本，以仁德為護衛，不出門能知天下事。」

子路說：「如果遇到壞人怎麼辦？」

孔子說：「有不善者，就用忠誠來教化他；有兇暴者，就用仁德來約束他，哪用得著拿劍呢？」

子路說：「子路今天聽老師這番話，請讓我到堂上接受您的教導吧。」

孔子說：「好。」

第二天，子路身穿儒服，帶著拜師禮，成為孔子的弟子。

孔子問子路說：「你有什麼愛好？」

子路說：「我喜歡長劍。」

孔子說：「我不問你這個。我是說憑你的能力，再加以努力學習，誰能比得上你呢？」

子路問：「學習一定有用嗎？」

孔子說：「仁君如無進諫之臣，則會失去正道；讀書人無建言之友，就聽不到善意批評。駕馭發狂之馬，就不能放下馬鞭；已拉開的弓，不能用檠來匡正；木料以墨繩矯正就能筆直，人常接受勸諫就會成為聖人。因此，君子不能不學習啊！」

子路說：「南山有竹，不用矯正已經很直，砍來做箭桿可射穿犀牛皮。由此說來，哪用得著學習呢？」

孔子說：「做好箭身再裝上羽毛，做好箭頭再打磨鋒利，這樣不是能射得更遠嗎？」

子路拜了兩次說：「我恭敬受教。」

孔子和子路說：「不努力就達不到目的，不行動就無收穫，不忠誠就沒有親近的人，不講信用就得不到信任，不恭敬就會失禮。你小心地記住這五點吧。」

子路說：「老師的忠告我一輩子謹記在心，對於新朋友，如何才能保持親近？如何才能話少又行得通？如何才能當善士又不受侵犯？」

孔子說：「你的問題都包含在我的五個忠告裡：新朋友能保持親近，依靠誠實；話少又行得通，依靠信用；當善士又不受侵犯，依靠禮儀。」

子路學會一件該做的事便立即實行，還沒有做完時，不敢學另一件。

孔子說：「穿了破舊布袍，跟穿著狐貉皮衣的人站在一起，而不覺窮酸難為情的，恐怕只有子路吧？」

子路說：「老師，我終身銘記『不嫉妒不貪婪，有何不好？』這句話。」

孔子說：「這是應該做到的，怎麼值得滿足？」

子路問：「怎樣才算真正的士呢？」

孔子說：「相互鼓勵、相互批評、和睦相處，可算是士了。朋友之間相互鼓勵、相互批評，兄弟之間和睦相處。」

孔子說：「不過現在成人不必這樣了，只要財利當前而能想到義，危難時能不顧生死，跟人有舊約，不要忘掉當時的諾言，也就可以算是成人了！」

子路問孔子說：「如果讓您來統率三軍將士，您會選擇誰來充當助手呢？」

孔子說：「徒手鬥猛虎、赤腳過深河，死而不悔的人我不需要。我要的是小心行事、以智取勝的人。」

子路問孔子奉事鬼神的道理。孔子說：「還不懂得奉事人的道理，怎能懂得奉事鬼的問題呢？」

子路問：「請問有關死的問題？」

孔子回答：「不懂得生的道理，怎麼能夠知道死後的情形呢？」

孔子說：「《詩經》〈大雅〉說：『沒有不能開始的，但少有善終的。』不畏強權，不欺孤寡，說話遵循本性，堂堂正正，才能足以帶兵，這是子路的品行。」

閔子騫隨侍在孔子身旁，總是正直恭敬；子路侍奉孔子時，總是剛強不屈；冉求、子貢侍奉時，則是溫和快樂的樣子。

孔子感到很欣慰，但他也擔心地說：「子路的個性急躁剛強，將來恐怕不會有好下場。」

孔子曾經說：「以子路彈瑟的水準，怎麼配當我們門下呢？」

孔子的學生們因此不尊敬子路。孔子於是說：「子路可以說是升堂了，只是還未入室而已。」

有次子路彈琴，孔子聽了之後，對冉求說：「子路不懂音樂！先王創作音樂，節奏和聲優美，讓音樂向南流傳，禁止向北方擴散。是由於南方是孕育萬物之地，北方是殺伐征戰之地，所以君子之音以溫柔居中，以養生孕育之氣，心中沒有憂愁之感，身體沒有暴厲之動。

這種音樂風格，就是太平盛世之風。

「小人之音則不然，樂風猛烈騷動，象徵征戰殺伐之氣，心中沒有祥和之感，身體沒有溫和之動。這種音樂風格，就是亂世之風。當初舜彈奏五弦琴，製作《南風》之詩，詩中之詞曰：

陟彼三山兮商嶽嵯峨，天降五老兮迎我來歌。有黃龍兮自出於河，負書圖兮委蛇羅沙。案圖觀讖兮閔天嗟嗟，擊石拊韶兮淪幽洞微，鳥獸蹌蹌兮鳳皇來儀，凱風自南兮喟其增歎。南風之薰兮，可以解吾民之慍兮。南風之時兮，可以阜吾民之財兮。

登上三山啊！商嶽巍峨高聳。上天指派五老唱著歌來迎接我，有一條黃龍從黃河裡鑽出，負著河圖洛書，身軀逶迤舞動，看著河圖洛書，探索天意，連聲慨歎，在石頭上按韶樂打拍子，思考精微問題，鳥獸急忙奔走，原是鳳凰出世，和煦的暖風，增添了我的感歎，多麼溫馨的南風啊！能解除百姓憂愁；多麼及時的南風啊！能增加百姓財富。

子路啊！匹夫之徒無視先王之制，沉湎於亡國之聲，將來怎能保全六七尺之軀呢？」

冉求把孔子的話告訴了子路，子路聽了之後非常不安，也很後悔，靜坐思考，不吃不喝，乃至瘦得形銷骨立。

孔子說：「有過而能改，子路又進一步了！」

子路問孔子說：「魯國大夫練祭之後，即上床歸寢，合乎禮制嗎？」

孔子說：「我不知道。」

子路走出屋外對子貢說：「我以為老師無所不知，原來老師也有不知道的事情。」

子貢說：「你問老師什麼？」

子路說：「我問他說：『魯國大夫在練祭之後就上床歸寢，這符合禮制嗎？』老師說：『我不知道。』」

子貢說：「我替你再問一次。」

子貢進入屋內問孔子說：「練祭之後，即上床歸寢，合乎禮制嗎？」

孔子說：「不符合禮制。」

子貢走出屋外對子路道：「你說老師也有不知道的事情！老師確是無所不知的。你問的方式不對。禮制上同時規定，居住某地不能非議那裡的大夫。」

有一次，孔子出外遊山時，讓子路去打水，在水邊遇上老虎，於是子路跟虎搏鬥起來，不料扯斷虎尾，只好揣到懷中。

子路打水回來，問孔子說：「上等士人怎麼打虎？」

孔子說：「上等士人打虎抓住虎腦袋。」

子路又問：「中等士人怎麼打虎？」

孔子說：「中等士人打虎抓虎耳朵。」

子路又問：「下等士人怎麼打虎？」

孔子說：「下等士人打虎抓尾巴。」

子路拿出尾巴扔掉了，又揣起一塊石盤，說：「先生既然知道虎在水邊，還讓我去打水，這是想害死我呀。」竟想打死先生。

子路問：「上等士人用什麼殺人？」

孔子說：「上等士人用筆。」

子路又問：「中等士人用什麼殺人？」

孔子說：「中等士人用語言。」

子路問：「下等士人怎麼殺人？」

孔子說：「下等士人用石盤。」於是子路扔掉石盤走了。

子路曾救起一名溺水者，那人感謝他送了一頭牛，子路收下了。孔子高興地說：「從此魯國人一定會勇於救落水者了。」

子路說：「是啊！是啊！好心有好報。」

孟武伯問孔子：「子路做到了仁嗎？」

孔子說：「我不知道。」

孟武伯又問一次。孔子說：「在擁有一千輛兵車的國家裡，可以讓子路管理軍事，但我不知道他是否做到了仁？」

季孫問孔子說：「子路可以做為人臣嗎？」

孔子回答說：「他可以當備用的臣子。」

子路當過幾年季孫氏的家臣，他認為做為臣子必須要忠誠，很有自己的原則。

小邾國的大夫射以句繹逃亡到魯國，說：「派子路和我口頭約定，我們可以不用盟誓了。」季康子讓子路去，子路辭謝。季康子派冉求對子路說：「千乘之國不相信盟誓，而相信您的話，您有何屈辱呢？」

子路回答說：「魯國如果和小邾發生戰爭，我不敢詢問原因，戰死在城下就行了。他不盡臣道反而要實現他的話，這是把他的不忠當成正義，我不能那麼做。」

後來子路出任蒲邑宰，他向孔子辭行時。孔子說：「蒲邑多壯士又難治理，可是我告訴你：恭敬謙遜，則能駕馭勇武之士；寬厚正直，則能使人親近；恭謹清正、社會安靜，則能報效上司。」

子路問孔子：「什麼是為政之道？」

孔子說：「要身先士卒、以身作則，自己能夠耐得住勞苦，人民再勞苦也不會怨恨。」

子路說；「還有什麼要特別注意的嗎？」

孔子說：「持之以恆。」

子路問：「什麼是跟國君相處之道？」

孔子說：「不要欺瞞國君，以至誠之心犯顏直諫。」

子路治理蒲邑，求見孔子說：「希望老師多多指教。」

孔子說：「蒲邑那個地方怎麼樣？」

子路回答說：「邑中多壯士，治理很困難。」

孔子說：「是這樣嗎？我告訴你，謙恭而有禮，可以使勇猛之士敬畏。寬厚而正直，可安撫強者；憐愛而寬恕，可容納窮困；溫和而果斷，可以抑制奸人。各種辦法並用，治理就不難了。」

子路當蒲城邑宰，為了防範水災，子路跟百姓一起修築溝渠。由於百姓勞動辛苦，子路發給每個人一簞飯食和一壺飲料。孔子聽說這件事，派子貢去阻止。

子路非常不高興，於是去見孔子說：「我因為暴雨將至，擔心水災，所以跟百姓一起修築溝渠。百姓很多人缺糧饑餓，因此發給每個人一簞飯食一壺飲料。」

子路說：「老師派子貢來阻止，這是老師阻止我行仁。老師平時用仁來教導我們，現在卻禁止我行仁，我無法接受。」

孔子說：「既然你知道人民饑餓，為何不向國君報告，請他打開糧倉來救濟百姓？你私下把食物送給百姓，這將凸顯國君沒恩德，而自己享有美德。你趕快停止這種行為，否則必見罪於上司。」

子路才猛然發現自己的錯誤：「老師，我錯了。」

子路治理蒲地三年。孔子經過蒲地，剛入蒲境時說：「子路很不錯！恭敬又有信。」進到城裡說：「子路很不錯！忠信又寬宏大度。」到了廳堂說：「子路很不錯！明察政事又能決斷。」

子貢執馬韁繩問道：「您沒看見子路處理政事，卻三次誇獎他，您可以說給我聽嗎？」

孔子說：「我已經看見他治理政事了。進入蒲地邊境，看到田地雜草都清除乾淨，溝渠水道挖得很深，這是因為他恭敬又有信，因此百姓全力以赴。」

子貢說：「是的。」

孔子說：「進入城裡，看到牆壁房屋堅固，樹木茂盛，這是因為他忠信又寬宏大度，因此百姓不苟且行事。」

子貢說：「是的。」

孔子說：「到了廳堂，清靜閒適，所有的下人都聽從命令，這是因為他明察政事又能決斷，因此政事不被干擾。」

子貢說：「是的。」

孔子說：「如此看來，我三次誇獎他，就能說盡他的一切優點嗎？」

子貢說：「老師明察秋毫。」

孔子說：「理想無法實現了，我想乘筏浮游於海上。會跟我走的只有子路吧？」子路聽說後，很高興。

孔子對子路評價很高，他說：「只憑一面之辭就可以斷案，大概只有子路吧？子路從來沒有拖延過自己的承諾。」

魯哀公十五年，子路和子羔同時在衛國做官時，衛國蒯聵發動叛亂。衛靈公的太子蒯聵曾得罪衛靈公的寵姬南子，害怕被她謀殺而逃亡國外。衛靈公去世之後，南子想讓公子郢繼承衛國王位，但公子郢不肯接受。

公子郢說：「太子雖然逃亡了，太子的兒子輒還在。」

於是衛國立輒為國君，是為衛出公。衛出公繼位十二年，他的父親蒯聵一直流亡國外無法回國。這時子路擔任衛國大夫孔悝家邑的官職，蒯聵和孔悝一同作亂，蒯聵設法潛入孔悝的家中，和他的黨徒一起襲擊衛出公。衛出公逃往魯國，他的父親蒯聵則進宮繼位為衛莊公。

孔悝作亂時，子路有事在外，聽到這消息就立刻趕回來。子羔從衛國城門出來，正好遇到子路，子羔對子路說：「衛出公已經逃走了，城門也關閉了，您趕快回去，不要受衛出公牽連。」

子路說：「吃人家糧食，就不能迴避人家的災難。」子羔只好走了。

這時正好有使者進城，城門開了，子路就跟著進城。子路找到蒯聵，蒯聵和孔悝兩人都在台上。子路說：「大王為什麼要任用孔悝呢？讓我殺了他吧。」

蒯聵不聽從他的勸說。子路要縱火燒台，蒯聵害怕了，於是叫石乞、壺黶到台下去攻打子路，斬斷了子路的帽帶。子路說：「君子可以死，帽子不能掉下來。」話一說完，繫好帽子，就被衛國人壺黶殺死了。

孔子聽到衛國發生暴亂的消息之後，說：「子羔會回來，子路則會死於這場叛亂。」

不久，衛國使者說：「子路死於這場叛亂。」

孔子在中庭哭子路。有人來慰問，孔子以主人身分答拜。孔子哭過之後，召使者進來問子路的死況。

使者說：「子路已經被砍成肉醬了。」

孔子就把家裡的肉醬統統倒掉，孔子說：「我怎忍心吃肉醬呢？」

子路死後，他的兒子仲子崔去拜見孔子，仲子崔說：「我要到衛國替父親報仇。」

孔子說：「好，你可以出發了。」

仲子崔出發後，衛國壺黶已得知消息，壺黶說：「君子不殺無所準備的人，後天到城西決一死戰。」

那一天兩人決戰，仲子崔輕易的殺死壺黶。之後仲子崔才發現對方拿的是蒲柳制的弓、木頭制的戟，原來壺黶早已準備讓仲子崔完成替父親報仇的心願。

七、宰予

宰予，字子我，魯國人。他口齒伶俐、能言善辯。

魯哀公問宰予說：「製作土地爺，應該用哪種木頭？」

宰予說：「夏朝用松木，殷商用柏木，周朝用栗木，為了使人民戰慄。」

孔子聽了之後說：「以前的事不用再評論，做完的事不用再爭議，既往不咎。」

宰予問：「有仁德的人，人家告訴他說有人掉下井裡了，他是不是要跳下去救呢？」

孔子說：「為什麼要這樣呢？君子是要到井邊救人的，但是不會跳下去；君子可能會受騙，卻不會昧於事理。」

宰予擅長言辭，曾與孔子討論三年喪期的禮制及仁的問題，宰予因反對服喪三年而受孔子批評。

宰予問孔子說：「為父母守喪三年太久了吧？君子三年不習禮儀，禮儀必敗壞；三年不奏樂，樂必被毀掉。陳穀吃完，新穀又長。鑽木取火的老方法也該改一改了，守孝一年就夠了。」

孔子說：「守喪不滿三年就吃白米飯，穿錦衣，你能心安嗎？」

宰予說：「心安。」

孔子說：「你心安，那麼你就那樣做吧！君子有喪在身，吃美食不覺得味美，聽音樂不覺得快樂，閒居不覺得安適，所以不做。現在你心安，那麼你就做吧。」

宰予出去之後，孔子說：「宰予不是個仁人君子啊！孩子出生三年，才能離開父母懷抱。為父母守孝三年，是天下共同遵行之禮啊。」

孔子擔任魯國司寇時，去拜見季康子，季康子不高興，孔子仍然要去拜見他。

宰予走上前說：「老師曾經說：『王公貴族要是不重禮聘請我，我就不主動去找他們。』老師當司寇時間不長，但已經委曲求全多次，不可以停止嗎？」

孔子說：「魯國以眾欺少，長期以兵侵犯別人，官員不管則天下大亂。魯國聘我為司寇，有什麼事會比這個更重要呢？」

魯國人聽說這件事之後，說：「這麼賢能的人治理我們的國家，我們為何還去做違法亂紀之事？」從此以後，國內不再有自私的百姓。

孔子對宰予說：「離山十里之遠，還能聽到蟪蛄鳴叫的聲音，所以為政者，要傾聽百姓的意見，然後才實行。」

宰予問孔子說：「什麼是五帝的德行？」

孔子回答說：「你不是問這種問題的人。」

孔子說：「宰予談吐優雅，但人格比不上他的談吐。澹臺滅明面貌醜陋，但能力卻很好。」

宰予在白天睡大覺。孔子說：「腐朽的木頭不可以雕刻，骯髒的土牆不能夠粉飾。對宰予這種人，還有什麼好苛責的！」

孔子又說：「以前我對人的看法，聽他所說的就相信他所做的也是這樣；現在我對人的看法，聽他所說的還要看他所做的是不是一樣。這是宰予改變了我的觀念。」宰予聽到這話非常害怕，不敢見孔子。後來宰予出任齊國臨淄大夫。跟田常一起同謀作亂，因此害得全家跟他一起遇害，孔子很為他感到羞恥惋惜。

孔子說：「宰予啊！宰予，十分可惜。」

八、子貢

端木賜，字子貢，衛國人，小孔子三十一歲。子貢口才好，能言善辯，愛宣揚別人的長處，卻也不隱瞞人家的過失。不止一次幫助魯、衛兩國解除困局。子貢家境富裕善於做生意，擁有千金財產，晚年死在齊國。

子貢智商很高，擅長用語言遊說談判。有一次衛君到吳國朝拜吳王，吳王夫差囚禁他，還想把衛君流放海邊。魯哀公聽到此事，撤去宮中鐘鼓，穿著白色素服上朝。

孔子問：「君王為何面有憂色呢？」

魯哀公說：「衛君到吳國朝拜吳王，卻被吳王囚禁，還想把他流放海邊。吳王讓衛君遭此劫難，我想拯救他又做不到，不知如何是好？」

孔子說：「使衛君逃脫此難，只有請求子貢出馬。」

魯君召見子貢，授予將軍印信，子貢辭謝道：「尊貴身分無益於解除衛君的災難，而在於所採取的辦法。」

子貢出發到吳國，先拜見太宰伯嚭。子貢說：「請問，您能不能勸說吳王呢？」

太宰嚭說：「什麼事要勸吳王？」

子貢說：「衛君要來吳國時，有一半衛國人說：『不如去朝拜晉國。』而另一半人說：『不如朝拜吳國。』衛君認為歸附吳國能保全性命，才負荊請罪到吳國。而今你們接受衛君歸降又囚禁他，還要把他流放海邊，這豈不是獎賞親晉派處罰親吳派嗎？現在各國諸侯看到衛君朝拜吳國沒有好結果，都將心向晉國。吳國想成就霸主不是更難了嗎？」

太宰伯嚭聽了很有道理，便入宮向吳王轉述子貢的意見。

吳王說：「子貢分析得很對。」

於是便放衛君回去衛國。處理這件事，子貢可算是深知遊說手段的人了。

孔子在衛國期間，田常想要在齊國叛亂，因為害怕高昭子、國惠子、鮑牧、晏圉的勢力，因此想移師攻打魯國。孔子聽說這件事，對門人們說：「魯國是父母之國，不可不救。所以我想向田常委曲求全以救魯國，你們有誰願意出使齊國？」

子路說：「我願意出使齊國。」孔子沒答應。子張請求救魯，孔子不答應。公孫龍請求救魯，孔子也不答應。

子路、子張、公孫龍三人退出來，對子貢說：「老師想向田常委曲求全，以援救魯國，我們三個請求出使齊國都被拒絕。這是你施展辯才的好機會，為何你不請求前往呢？」

子貢請求救魯，孔子答應了。於是子貢前往齊國。

子貢遊說田常說：「攻打魯國是錯的。魯國是難攻的國家，它城牆既薄又矮，護城河狹窄水淺，魯君愚昧又不仁慈，大臣虛偽又不中用，士兵百姓厭惡打仗，這樣的國家不能跟它交戰。應該去攻打吳國吧？」

子貢說：「吳國城高厚實，護城河寬闊水深，鎧甲堅固嶄新，士卒精神飽滿，人才與精銳的部隊都在那裡，又派英明大臣守衛，這樣的國家是容易攻打的。」

田常頓時很忿怒，臉色一變說：「別人認為容易的，你認為難；別人認為難的，你認為容易。你這話是何用心？」

子貢說：「我聽說憂患在國內的，要去攻打強國；憂患在國外的，要去攻打弱國。如今您的憂患在國內。我聽說您多次被授封號未成，是因為朝中大臣反對你呀。」

子貢說：「現在你要攻佔魯國來擴充齊國疆域，如果打勝了，你的國君就更驕縱，佔領魯國土地，國之大臣就更加尊貴，而您的功勞都不在其中，如此一來，您和國君的關係會一天天地疏遠。對上，你使國君更加驕縱，對下，你使大臣更加放縱，想要以此成就大業就更困難了。」

子貢說：「大臣驕縱，則爭權奪利。如此一來，對上，您和國君會產生裂痕，對下，您和大臣將相互爭鬥，您在齊國的處境就更危險了。因此不如攻打吳國，如果伐吳不能獲勝，百姓死在國外，大臣率兵作戰朝廷空虛。如此一來，在上沒有強臣對抗，在下沒有百姓非難，孤立國君、專制齊國的只有您了。」

田常說：「好！可是我的軍隊已經開赴魯國了，如今由魯撤軍伐吳，大臣們懷疑我該如何是好？」

子貢說：「您按兵不動不要進攻，我為您出使吳國見吳王，令他出兵援魯而攻打齊國，您就可趁機出兵迎擊。」田常接受了子貢的意見，派他南下去見吳王。

子貢遊說吳王說：「我聽說施行王道不能讓諸侯滅絕，施行霸道不能讓強敵出現，在千斤重物上，加上銖兩，也可能因之而位移。」

子貢說：「如果萬乘之齊再佔有千乘之魯，和吳國爭高低，我替大王感到不安。況且援救魯國是能顯揚名聲之事；攻打齊國是能獲大利之事。安撫泗水以北各國諸侯，討伐暴齊，以鎮服晉國，利益可真大啊！」

子貢說：「名義上保存危亡的魯國，實際上阻絕強齊擴張，這道理智者應該都知道。」

吳王說：「好極了！可是我曾和越國作戰，越王退守會稽山上，自我刻苦，優待士兵，他決心復仇。等我攻打越國之後再依您的話做吧。」

子貢說：「越國力量不超過魯國，吳國強大不超過齊國，大王擱置齊國去攻打越國，如此齊國早已平定魯國了，況且大王不趁救亡魯之名討伐齊國，卻攻打弱小的越國而害怕強齊，這不是勇敢的表現。」

子貢說：「勇者不迴避艱難，仁者不讓別人陷入困境，智者不錯失時機，王者不讓國家滅絕，你應該憑此來樹立道義。」

子貢說：「現在保存越國，向各國諸侯示之以仁，援魯伐齊，威加晉國，各國諸侯定會競相來吳國朝見，稱霸天下的大業就成功了。」

子貢說：「如果大王畏忌越國，我請求東去會見越王，讓他派出軍隊追隨您，這將使越國空虛，名義上追隨諸侯伐齊。」

吳王聽了很高興，於是派子貢到越國去。越王清掃道路，親自到郊外迎接子貢，並親自為子貢駕車到下榻的館舍。

越王問子貢說：「我們蠻夷之國，大夫怎肯屈辱身分來到這裡呢？」

子貢回答說：「現在我已勸說吳王援救魯國攻打齊國，他心裡想要這麼做卻害怕越國，說：『等我先攻下越國再說。』如此一來，攻破越國是必然的了。無報復之心，而使人懷疑，則太拙劣了；有報復之心，卻讓人知道，則不能保全；事情未發動，卻讓人知道，則非常危險。這三種是行事最大的禍患。」

勾踐聽罷叩頭至地再拜。勾踐說：「我不自量力和吳國交戰，被圍困於會稽，恨入骨髓，日夜舌敝唇焦，一心想與吳王石玉俱焚，這是我的心願。」於是問子貢：「請問該怎麼辦？」

子貢說：「吳王兇猛殘暴，群臣難以忍受；國家經常打仗，士卒不能忍耐；百姓怨恨國君，大臣發生變亂。伍子胥諫諍被殺死，太宰嚭執政當權，順應國君的過失，用來保全自己的私利：這是傷害國家的舉動啊！如果大王能出兵輔佐吳王，投合他的心志，以重利獲取他的歡心，以謙卑言辭尊敬他，他一定會攻打齊國的。如果戰爭不能取勝，就是您的福氣。如果打勝了，他一定會帶兵逼近晉國，請讓我北上會見晉國國君，讓他伐吳，定能削弱吳國勢力。等吳國精銳部隊消耗在齊國，重兵又被晉國牽制住，大王趁它疲憊不堪之時攻打它，必能消滅吳國。」

越王非常高興，答應照計畫行動。送給子貢黃金百鎰，寶劍一把，良矛二支。子貢沒接受就走了。

子貢回報吳王說：「我鄭重地把大王的話告訴了越王，越王惶恐地說：『我不幸從小失去父親，又不自量力觸犯吳國而獲罪，軍隊被打敗，受辱棲居會稽山，國家成荒涼廢墟，仰賴大王恩賜，使我能捧祭品祭祖，我至死不敢忘懷，怎會另有其他的打算呢？』」

過了五天，越國派大夫文種以頭叩地，對吳王說：「東海之臣勾踐，派使者文種前來吳國修好，聽說大王將發動正義之師，討伐強齊，安撫周朝王室，請求出動越國境內全部軍隊三千人，並由勾踐親自披掛鎧甲，願在前線冒箭石的危險。因此派臣子文種進獻祖先寶器，鎧甲二十件、斧頭、屈盧矛、步光之劍，以做為吳軍賀禮。」

吳王聽了非常高興，把文種的話告訴子貢說：「越王想跟隨我攻打齊國，可以嗎？」

子貢回答說：「不可以！這會使人國內空虛，徵調別人軍隊，還要別人國君跟隨出征，這是不義。你可接受禮物，允許他派軍隊，辭去他的國君隨行。」

吳王同意了，就辭謝越王。於是吳王就調動九郡兵力，攻打齊國。

子貢因而離開吳國前往晉國，對晉國國君說：「我聽說不先謀劃計策，則不能應付變化，不事先治好軍隊，則不能戰勝敵人。現在齊國和吳國即將開戰，如果吳國不能取勝，則越國必趁機攻吳；如果吳國戰勝齊國，吳王必會帶軍逼近晉國。」

晉國國君恐慌地說：「該怎麼辦才好呢？」

子貢說：「整治武器，休養士卒，等吳軍到來。」

晉君依照他的話做了。子貢離開晉國前往魯國。吳王果然在艾陵把齊軍打得大敗，俘虜了七個將軍的士兵而不肯班師回國，也帶兵逼近晉國，和晉軍在黃池相遇。

越王聽到吳軍慘敗的消息，便渡江襲擊吳國，直到距離吳國都城七里才紮營。吳王聽到這個消息，離開晉國返回吳國，和越軍在五湖作戰。多次戰鬥都失敗了，連城門都守不住，於是越軍包圍了王宮，殺死吳王夫差和國相。滅吳三年之後，越國稱霸東邊。子貢一出手，保全魯國，擾亂齊國，滅掉吳國，使晉國強大，使越國稱霸。這次出使，打破了各國原本的形勢。十年當中，齊、魯、吳、晉、越五國形勢都產生了根本的變化。

孔子說：「使齊國動亂而保存魯國，是我的願望。使晉國強大而使吳國凋弊，令吳國滅亡而越國稱霸天下，是子貢遊說的功勞啊！但是美妙的言詞危害語言的真實性，對語言不可不慎重啊！」

子貢問孔子說：「應如何對待朋友？」

孔子說：「朋友有過失，要盡心盡力勸告他，並引導他向善。朋友要是不接受勸導就算了，不要再自討沒趣。」

子貢問：「如何才能稱之為士呢？」

孔子說：「做事有羞恥心，出使外國能不辱使命，便可以稱之為士了。」

子貢說：「請問，次一等的呢？」

孔子說：「宗族稱讚他孝順父母，鄉親們稱讚他尊敬兄長。」

子貢說：「請問，再次一等的呢？」

孔子說：「言必有信，行必有果。這只是固執己見的小人！但也可以算是最下等的士了。」

子貢又說：「現在從政的那些人怎麼樣？」

孔子說：「唉！這些器量狹小的人，算什麼呢？」

子貢問孔子說：「當今的大臣，誰最賢能？」

孔子說：「我不知道。從前齊國有鮑叔牙，鄭國有子皮，他們都是賢人。」

子貢說：「齊國不是有管仲嗎？鄭國不是有子產嗎？」

孔子說：「賜，你只知其一不知其二。你聽說自己努力成為賢人的人賢能呢？還是能推薦賢人的人賢能？」

子貢說：「能推薦賢人的人賢能。」

孔子說：「這就對了。我聽說鮑叔牙使管仲被重用，子皮使子產顯達，卻沒聽說管仲和子產讓比他們更有能力者被人重用而顯達。」

子貢參觀魯國太廟北堂，回來之後，問孔子說：「剛才我參觀太廟北堂，發現北門用一塊斷木拼接而成。是故意的呢？還是木匠的過失？」

孔子說：「建造太廟廳堂是良匠，良匠選用良材，極盡工巧和精良，建造太廟的時間又很長。北門用斷木拼接不會是失誤，應該有特殊的理由。」

子貢出席秋收蜡月的鄉飲酒會。孔子問子貢說：「你參加鄉飲酒會，很快樂嗎？」

子貢說：「人民都欣喜若狂，我不知道他們為何這麼快樂？」

孔子說：「人民經過一整年勞苦，能得一日狂歡，他們的快樂你當然無法體會。讓人民長久勞動而不休息，則會折損民力。人民長期休息不勞動，則會養成惰性。勞逸相參張弛以時，才是治民之道。」

子貢問孔子說：「人死了還有知覺嗎？」

孔子說：「如果我說死者有知覺，怕世間孝子為了葬禮而妨害生活。如果我說死者無知覺，怕世間不孝子拋棄親人而不埋葬。賜啊！人死後有沒有知覺，不是當務之急，以後你自己會知道。」

子貢問：「貧窮卻不阿諛奉承，富貴卻不驕傲，這樣的人如何？」

孔子說：「算是不錯了。但還不如窮而樂，富而好禮的人。」

子貢問：「《詩經》說：『如玉器加工：切了再磋，琢了再磨。』對嗎？」

孔子說：「子貢啊！現在可以與你談詩了。我說過去，你便知道未來。」

子貢問：「如何修養仁德？」

孔子說：「工匠要做好他的工作，一定先要磨快他所用的工具。住在一個國家裡，應該在賢能的官吏下服務，應該結交有仁德的士人。」

子貢說：「管仲不為公子糾殉死，反而做了齊桓公的宰相，怎能算是仁呢？」

孔子說：「管仲輔佐齊桓公稱霸諸侯，匡正了天下，老百姓到現在還受到他的恩賜。如果沒有管仲，恐怕我們已經被披頭散髮、衣襟向左開的異邦人統治了。難道要像婦人那樣拘泥於小節，自殺在小山溝裡，無人知道才好嗎？」

子貢喜歡批評別人的長短。孔子說：「子貢啊，你自己是不是都很好呢？至於我，就沒有閒工夫去批評別人了！」

孔子說：「我不想說話了。」

子貢說：「如果老師不說話，那麼我們還學些什麼？」

孔子說：「天何嘗說過什麼？天不說話，照樣四季運行，百物生長，天何嘗說過什麼呢？」

據說，子貢師事孔子一年之後，子貢自以為學識已經超過孔子。二年後，他還自以為學

識和孔子差不多。三年後，子貢才真正瞭解自己的學識距離孔子十萬八千里。

魯國有一條法令，魯國人在國外淪為奴隸，若有人能把他們贖出來，可以到國庫中報銷贖金。有一次，子貢在國外贖了一個魯國人，回國後拒絕收下國家賠償金。孔子說：「子貢啊！你這不是好辦法。從今以後，魯國人就不肯再替淪為奴隸的本國同胞贖身了。你收國家的補償金，並不會損害行為的價值；而你不肯拿補償金，別人就不肯再贖人了。」

子貢謁見吳國太宰伯嚭。太宰嚭問子貢說：「孔子這人怎麼樣？」

子貢說：「我無法瞭解他。」

太宰嚭問：「你不瞭解他，為何要以他為師呢？」

子貢回答說：「就因為不瞭解他，所以拜他為師。孔子他好比大山林一樣，人們能從他那裡得到各自需要的東西。」

太宰嚭又問：「你對孔子有什麼增益嗎？」

子貢回答說：「孔子是不能增益什麼的。再說我好比那一小堆泥土，用一小堆泥土來增添大山，不僅不能增加大山的高度，而且是不明智的。」

太宰嚭問：「那麼你酌取到什麼嗎？」

子貢說：「天下有大酒缸，但只有你不去斟飲，不知這是誰的過錯？」

太宰嚭問子貢說：「孔先生是聖人嗎？他怎麼有這麼多的才能呢？」

子貢回答說：「上蒼要他成為聖人，因此才讓他多才多藝。」

孔子在學堂閒居，子牢、公西赤脅侍在旁。子貢回來告訴孔子說：「太宰問我老師您是不是聖人？」

孔子說：「太宰瞭解我嗎？因為小時候我很貧窮，所以才學會不少技藝。君子有這樣多技藝嗎？我想是不可能的。」

子牢說：「老師曾說過：『我因為不被世人所用，所以才學會這麼多的技藝啊！』」

孔子說：「如果說我是聖人或仁人，我怎麼敢當呢？不過倒是可以這樣說我：永不滿足自己的修養，教導別人從不感到疲倦。」

公西赤說：「這正是我們學不到的。」

趙簡子問子貢說：「孔子為人怎麼樣？」

子貢回答說：「我不能完全瞭解。」

趙簡子不高興地說：「先生跟隨孔子幾十年，完成學業才離開他，我問到你，你卻說不能瞭解，這是什麼道理？」

子貢說：「我好比那口渴的人到大江大海去飲水，只知道解渴罷了。孔子好比大江大海，我又怎麼能夠瞭解他？」

趙簡子說：「子貢這番話講得真好啊！」

孔子跟子貢一起到野外，看到莊稼生長過程的三種變化：種子、小苗、熟穗，悠遠盛大。孔子感歎說：「狐狸死後頭向著出生的丘穴，莊稼熟後穗向著自己的根，我的頭向著自己的理想。」

子貢問孔子說：「我想居人之下，不知如何才能做到這一點？」

孔子說：「甘居人之下者，就像泥土一樣！在上面耕耘就長出五穀，向下挖掘就有甘泉，草木能在上面繁殖，禽獸能在上面養育，活著的人站立在上面，死了的人葬入裡面，人們讚賞它的功勞，它卻不開口。甘居人之下者如同泥土一樣吧！」

子貢喜歡宣揚別人的長處，也不隱瞞別人的過失。他曾出任魯國和衛國國相，家產積蓄千金，最後死於齊國。子貢利口巧辭，善於雄辯，且有濟世之才，辦事通達。他還善於經商之道，曾經經商於曹國、魯國兩國之間，富致千金，是孔子弟子中的首富。

孔子去世前子貢未能趕到，孔子去世後，弟子們都服喪三年。三年守喪完畢，有的又留了下來，有的離開。只有子貢在墓旁搭一間小茅屋，守墓六年才離去，是弟子中為孔子守喪最長的。

九、子游

言偃，字子游，魯國人。比孔子小四十五歲，以文學著名。

孔子說：「事前思考，事情來臨依計畫而行，就不會有錯，這是子游的品行。要有才能則學習，要有知識則多問，要把事情做好則謹慎，要成功則事先準備。依此行動，子游做到了。」

子游受業以後，出任武城的長官。用禮樂教育士民，境內到處有弦歌之聲，孔子對此表示讚賞。孔子路過武城，聽見彈琴唱歌的聲音。孔子微笑著說：「殺雞何必用宰牛的刀呢？」

子游回答說：「以前我聽老師說過：『君子學習禮樂就能愛人，小人學習禮樂就容易指使。』」

孔子對隨行的學生們說：「同學們！子游說得對，剛才我是在開玩笑罷了。」

子游和子夏同列文學科，文學指詩、書、禮、樂文章而言，所以子游之學以習禮自見，更重要的是他能行禮樂之教。孔子認為子游熟習文章博學。

孔子曾說：「君子學道則愛人，小人學道則易使。」

子游說：「服事君主太頻繁，會自取其辱；在朋友面前愛嘮叨，就會被疏遠。」

孔子死後，曾子、子游、子夏、子張等人分別在各地辦學，傳播孔子之道。

子游說：「子夏的學生，只能做些打掃和接待客人的小事。沒學到根本性的東西，這怎麼能行呢？」

子夏聽到之後說：「哎！子游錯了，君子之道應該先教什麼？後教什麼？就像草木一樣，都是分門別類的。君子之道怎能隨意歪曲，來欺騙學生呢？會依次序有始有終地教授學生的，恐怕只有聖人吧！」

十、子夏

卜商，字子夏，衛國人，小孔子四十四歲。子夏出生貧窮，他從衛國到魯國拜孔子為師，精通文學。子夏長於文學，對詩有深入的研究，能通其義理，著有詩序。子夏年老時，因喪子哀慟過度而失明。

孔子對子夏說：「你要做個有才德的讀書人，不要做淺薄不正派的讀書人。你知道只有君子才能成為君王嗎？」

子夏說：「我知道，君王是魚，百姓是水。」

孔子說：「怎麼說？」

子夏說：「魚離開水，魚就會死。水失去魚，水還是水。」

孔子說：「子夏，你確實懂得治國之道。」

孔子對子夏說：「君王好比是盂，百姓好比是水。」

子夏說：「老師的比喻不錯。」

孔子說：「盂方形，盂中水也呈方形，盂圓形，盂中水也呈圓形。君王喜好什麼，百姓能不隨從嗎？」

子夏說：「是的，老師。」

子夏問孔子說：「顏回為人如何？」

孔子說：「顏回比我誠信。」

子夏問：「子貢為人如何？」

孔子說：「子貢比我聰敏。」

子夏問：「子路為人如何？」

孔子說：「子路比我勇敢。」

子夏問：「子張為人如何？」

孔子說：「子張比我莊重。」

子夏離開座位問道：「他們四人為何還拜您為師呢？」

孔子說：「坐下來，我告訴你。顏回誠信卻不能失信，子貢聰敏卻不能委曲求全，子路勇敢卻不能怯弱，子張莊重卻不能和別人打成一片。把四個人的優點跟我交換，我也不肯。這就是他們拜我為師的原因。」

子夏剛讀完《詩三百》，孔子問子夏說：「你為何把《詩》看得這麼重要呢？」

子夏回答說：「《詩》在賦事時，真是光彩燦爛有如日月一般明亮，明明晃晃有如星辰一樣閃爍。往上說，詩中有堯舜的治國聖道；往下說，詩中有三王的仁愛禮義，弟子不敢忘記先王之教。即使身居茅屋之中，也要彈琴歌詠先王之風。有人理解也樂，無人理解也樂，奮發向上以至於忘食。《詩》上寫道：『橫木當門，可以棲息。泉水洋洋，可以止渴。』」孔子聽後戚然動容，說道：「子夏啊！我大概可以與你談詩了。然而你只是見其表，未見其裡。」

子夏說：「詩的外在含義已經知道，內在蘊義又是什麼呢？」

孔子說：「找到門卻不進屋子，怎能知道屋內寶藏呢？詩中的寶藏不難理解，我曾盡心竭力，並已入其中。似乎看到前邊是高高的堤岸，後邊的溪谷清涼爽人。《詩》的深意就在那裡，看不到詩的內涵，就說不清詩意的精微。」

子夏說：「《詩經》說：『**巧笑倩兮，美目盼兮，素以為絢兮。**』詩中這三句話是指什麼？」

孔子說：「是說作畫時要先有素底，然後再加上五彩的顏色。」

子夏說：「由此看來，人先要有美德，然後用禮來修飾嗎？」

孔子說：「你這話啟發了我，像你這樣穎悟的人，才可以與你討論《詩經》。」

子夏因出生貧窮，生活節儉。孔子認為他看重財物，過於吝嗇。有一天，孔子要外出，

天下起雨來，這時才發現車上沒有車傘，一個弟子說：「子夏那裡有傘，可以跟他借車傘。」孔子說：「子夏對財物很在意。我聽說跟人交往，應看重他的長處，避開他的短處，這樣交往才能長久。」

子夏穿的衣服爛得有如懸掛的鶴鶉。有人問他：「您為何不去做官？」子夏說：「諸侯傲視我的，我不做他的臣子；大夫傲視我的，我不再見他。柳下惠和守後門的人一樣穿破爛的衣服而不被懷疑，爭權奪利就像抓住指甲卻丟了自己的手掌。」

後來子夏做莒父的宰官，他向孔子請教為政的道理。孔子說：「不要求速成，不要只看到小利益；求速成，就不能達成任務，只看到小利益，就不能完成大事。」

孔子逝世之後，子夏定居在魏國西河，教授生徒，魏文侯請他當老師，和他商討治理國家的方法。子夏開創的「西河學派」培育出大批經國治世的良才，並成為前期法家成長的搖籃。李悝、吳起、田子方、段干木、禽滑釐都是他的弟子。

他曾經返回衛國，聽見讀史書的人說：「晉國的軍隊攻打秦國，三家渡河。」子夏說：「不是三家渡河，而是己亥渡河。」讀史志的人便去請教晉國史官，果然不是三家而是己亥。於是衛國的人都把子夏當作聖人。子夏學習《詩經》，能理解其意，以文學著稱。他胸襟不夠宏大，喜歡論證激辯，當時無人能超過他。起初衛國人誤以為他不值得敬重。

他教人致知求仁的方法，子夏說：「學識要廣，志向要堅定，凡事要細心去問，要從淺近處去思考，以類推於遠大的地方，仁道就在這裡面了。」

學習深入，賓客送迎，恭恭敬敬，和上下級來往，界限分明，這是子夏的品行。孔子曾用《詩經》的話誇獎他：「『態度平和公正，就不會受小人危害。』像子夏這樣，大概不至於有危險了。」

子夏曾說：「每天能學得新知識，每月能溫習已學到的東西；能這樣做便算是好學了。官當得好，則應該去學習，學習得好，則應該去當官。一個人能廣博學習，不斷充實自己；又能堅定心志，懇切地發問向人請教；遇到問題時，先從周遭事物思考；這樣做，仁德就在其中了。

「百工在工作中完成產品，君子在學習中掌握道義。重視賢人、輕視美色、孝順父母、盡心貢獻國家、與朋友言而有信，這樣的人，即使他謙虛說沒有讀書，我也認為他很有學問。即使是小技藝，也必有可取之處；如果想做大事，就派不上用場了。所以君子不為小道。」

後來子夏的兒子死了，子夏傷心得哭瞎了。曾子前去弔唁並說：「我聽說朋友眼睛失明了，就要為他哭泣。」

曾子哭了，子夏也哭起來，說道：「天啊！我沒罪過，怎會落得如此下場呢？」

曾子氣憤地說：「子夏！你怎麼沒罪過？我曾和你於洙水泗水之間侍奉老師，你告老回鄉西河，使西河的人們把你比為老師，這是你的第一條罪過。你居親人之喪，沒有做出為人所稱道的事，這是你的第二條罪過。你兒子死了，就哭瞎了眼睛。這是你的第三條罪過。」

曾子生氣地說：「子夏！誰說你沒罪過？」

子夏聽後扔掉手杖，下拜說：「我錯了！我錯了！我離開朋友獨居太久了。」

西元前四七六年，他受邀赴晉國創辦了一所學堂並在那裡教了五十五年書。他生前的許多學生後來成為春秋時期很有影響力的思想家和政治家，因此他的影響很大。許多後來儒學的經典都被說成是由他流傳下來的。子夏在孔子去世後的六七十年間，辦學成就與影響無疑是最大的。子夏的教育思想在全面繼承孔子的教育思想基礎上，又在教育目的論、教學過程論、學習和借鑒歷史、慎交益友等方面有發展創新，是上承孔子、下啟荀子和《大學》、《中庸》等光輝篇章的重要一環。

十一、子張

顓孫師，字子張，陳國人。比孔子小四十八歲。子張容貌美好，為人勇武，性情偏激，交友廣闊。對人對物寬容謙虛、廣泛接納，他非常注重自己的舉止行為，但不致力於建立仁義之事。

孔子說：「子張有功不誇耀，處高位不欣喜，不貪功不慕勢，不在貧苦無告者面前炫耀，是仁的境界。《詩經》說：『平易近人君子，是百姓父母。』」孔子認為顓孫師的仁德很偉大。

子張問：「當官時，應該如何？」

孔子說：「使官位穩固，又能有好名聲很難。」

子張說：「該怎麼辦？」

孔子說：「自己的優點不要獨自擁有，教育別人不要懈怠，有過失不要再次發生，說錯話不要辯護，不對的事不要繼續做，做事不要拖延。」

有一天子張跟隨孔子被困在陳蔡之間，子張問：「什麼是正確的行為？」

孔子說：「說話忠信，行為篤實，即使到了偏遠地區也能行事無礙；說話不忠信，行為不篤實，即使在本鄉本土，能行得通嗎？站立時彷彿看見『忠信篤實』這幾個字矗立眼前；

坐車時彷彿看見這幾個字在軾前橫木上。能做到這樣，到哪都會暢通無阻。」

子張便把孔子的話記在腰帶上。孔子認為子張志氣太高，孔子的門人們和他友好，但並不尊敬他。

子游說：「我的朋友子張，算是難得的了，可是他還沒有做到仁。」

曾子說：「子張雖然外表堂堂，但難以和他一起做到仁。」

子貢問：「子張與子夏誰比較賢能？」

孔子說：「子張太過偏激，子夏稍嫌不足。」

子貢問：「那麼是子張比較強一點？」

孔子說：「太過和不及，同樣都不好。」

子張問：「孔文子三次做宰相沒感到高興；三次被免職也沒感到委屈。卸任前總是認真辦理交接事宜，這個人怎麼樣呢？」

孔子說：「算是忠啊！」

子張問：「算仁嗎？」

子張又問：「崔子殺了齊莊公，陳文子拋棄家產逃到鄰國，他說：『這國的大夫同崔子一樣。』又逃到另一國，他又說：『他們同崔子一樣。』於是又逃走。怎樣？」

孔子說：「不知道仁，哪來仁？」

子張問：「算清明了。」

孔子說：「算清明了。」

子張問：「算仁嗎？」

孔子說：「不知道仁，哪來仁？」

子張問：「怎麼樣才算仁呢？」

孔子說：「能在天下推行五種品德，就是仁了。」

子張說：「哪五種品德？」

孔子說：「恭敬、寬厚、誠信、勤敏、慈惠。」

子張說：「為何這五種品德是仁？」

孔子說：「恭敬則不致遭受侮辱，寬厚則會得到眾人擁護，誠信則能得到別人任用，勤敏則會提高工作效率，慈惠則能使喚別人。」

孔子面對高山，讚歎道：「高山嵬嵬然，多麼雄壯。」

子張說：「是的，老師。」

孔子說：「智者喜歡水，仁者喜愛山。智者好動，仁者好靜。智者自得其樂，仁者恬淡而長壽。」

子張問：「為何仁者喜歡山？」

孔子說：「高山嵬然，草木生長，鳥獸繁殖，生產各種財物。而高山無私心，讓天下百姓都來砍伐。高山形成風、雲、雨、露潤澤萬物，百姓因而有食物，所以仁者喜歡山。」

子張問孔子說：「什麼是為官之道？」

孔子說：「多聽，有疑問的先擱一旁，別說沒把握的話，便能減少錯誤；多看，有疑問的先擱一旁，不做沒把握的事，則能減少後悔。說話少錯，行動少悔，就能當好官了。」

子張問：「怎樣治理政事？」

孔子說：「在位盡職不倦，執行政令盡自己之責。」

子張問：「如何才能算清明遼遠？」

孔子說：「暗地造謠、惡意誹謗，傳到你這裡就行不通了，就算清明，就算看得遼遠。」

子張問：「士怎樣才可以稱之為達？」

孔子說：「你所謂的達是指什麼？」

子張答道：「國外有名聲，國內有名聲。」

孔子說：「這是名，不是達。所謂達就是人品正直，崇尚道義，察言觀色，甘心處於人下。這樣的人無論是在朝廷或是大夫封地裡當官做事一定都能通達。至於那種只有名聲的人，外表上裝出仁的樣子，而行為卻正是違背了仁，自己還以仁人自居。這就是你所說的國外有名聲，國內有名聲。」

孔子認為子張之志過高，而流於偏頗。子張問：「十代以後的社會，你現在能預知嗎？」

孔子說：「商繼承夏禮，改動多少可以知道；周繼承商禮，改動多少也可以知道以後的朝代繼承周朝，即使百代也同樣可以推測出來。」

子張說：「《尚書》說：『高宗守喪，三年不談政事。』這是什麼意思？」

孔子說：「不僅是高宗，古人都是這樣。國君死了，百官三年內都聽從宰相安排，各司其職。」

有一天，孔子閒居，子張隨侍在側。魯國樂師冕前來見孔子，師冕走到台階前，孔子說：「這裡是台階。」走到座席旁，孔子說：「這裡是座席。」等大家都坐下來，孔子告訴他：「某某在這裡，某某在那裡。」

師冕走了以後，子張問孔子說：「這是同盲人交談的方法嗎？」

孔子說：「是的，這就是幫助盲人的方法。」

子張問：「什麼是善人之道？」

孔子說：「不循著前人的足跡而行，就不能登堂入室。」

子張問孔子說：「如何才能從政？」

孔子說：「尊重五種美德，排除四種惡，就能從政。」

子張問：「何謂五種美德？」

孔子說：「給人民恩惠而不浪費財政；使人民工作而能無怨；追求仁德而不貪圖財利；莊重而不傲慢；為人威而不猛。」

子張說：「如何能做到給人民恩惠，而不浪費財政？」

孔子說：「讓人民做對他們有利的事，不就是對人民有利又不浪費財政嗎？選擇利國利民的事項和時間讓百姓去做。又有誰會怨恨呢？求仁得仁又有什麼利益可貪呢？對待別人不怠慢，不就是莊重而不傲慢嗎？衣冠整齊目不邪視，莊重得讓人望而生畏，不就是威而不猛嗎？」

子張問：「何謂四種惡？」

孔子說：「不經教化便殺戮叫作虐；不看原因只苛求成功叫作暴；效率差又限期完成叫作賊；獎勵下屬卻出手吝嗇叫作小氣。」

子張問孔子說：「請問聖人如何治理政事？」

孔子說：「子張，我告訴你。聖人瞭解禮樂，把禮樂施於政事而已。」子張不理解，又問了一遍。

孔子說：「子張你以為設筵作揖相讓，倒酒讓菜，互相勸酒，才稱之為禮嗎？你以為列樂隊，揮雉羽，吹管籥，奏鐘鼓，才稱之為樂嗎？」

子張問：「什麼是禮？」
孔子說：「能說出來又能做的叫作禮。」
子張問：「什麼是樂？」
孔子說：「做起來感到快樂的就是樂。聖人致力於禮樂，以禮樂施行政策，因此天下太平，萬民順伏，百官奉行職責，上下依禮行事。」

孔子死後，曾子、子游、子夏、子張等人分別在各地辦學，傳播孔子之道。
子張說：「一個士：臨難不避義死；臨財不為苟得；祭不忘敬；喪能盡哀；能做到這樣，就夠好了。擁有德行卻不弘揚，精通道義卻不實踐，這種人存在或不存在都不會改變世界。」
子夏的學生問子張：「如何交朋友？」
子張反問：「你的老師子夏怎麼說？」
子夏的學生說：「我的老師說：可以交的朋友才交，不可以交的則拒絕。」
子張說：「我聽到的可不是這樣。君子尊重賢人容納眾人；讚揚善人同情弱者。如果我是大賢人，有什麼人不能容納呢？如果我是不賢者，人人都拒絕我，我如何能拒絕別人呢？」

子張病危臨終之前，召他的兒子申祥來，子張告訴申祥說：「君子之死叫作『終』，小人之死叫作『死』。我這一輩子應該可以稱之為『終』了吧？」

子張死時，曾子正在為母親服喪，於是穿著齊衰去哭子張。

有人批評說：「穿齊衰孝服，不應去為朋友弔喪。」

曾子辯解說：「誰說我是去弔喪？我是去哭朋友呀。」

十二、曾子

曾參，字子輿，魯國南武城人，小孔子四十六歲。曾子與父親曾蔵都是孔子的弟子。學業有成卻不自滿，淵博卻如同虛空，過之卻如同不及，先王也難以做到。知識廣博無所不學，外表恭敬，德行敦厚；對任何人說話，言無不信。志向遠大，胸襟坦蕩，因此他能活得很長壽，這是曾子的品行。

齊國曾聘請他，想讓他為卿，他不去。

曾子說：「我父母已年老，拿人俸祿要替人操心，我不忍心遠離親人，受別人差遣。」他的後母對他很不好，他仍供養她，孝心絲毫不減。他的妻子因藜羹沒蒸熟，曾子要為此休妻。

有人說：「你妻子沒犯七出的條款啊！」
曾子說：「蒸藜羹的確是件小事，我要她蒸熟，她都不聽我的話了，何況是大事呢？」於是他休妻終身不再娶。兒子曾元勸他再娶。
曾子對兒子說：「殷高宗武丁因後妻殺死兒子孝己，尹吉甫因後妻放逐兒子伯奇。我上不及高宗賢能，中不比尹吉甫能幹，怎知能不能避免不做錯事呢？」
曾子的夫人到集市上去趕集，他的兒子哭著鬧著也要跟著去。他的母親對他說：「你先回家待著，待會兒我回來殺豬給你吃。」
曾子的夫人從集市上回來，看見曾子要捉小豬去殺。她便勸止說：「我只不過是跟孩子開玩笑罷了，你怎麼當真？」
曾子說：「老婆啊，這怎能開玩笑？小孩子沒有判斷能力，得向父母學習，聽從父母的教導。現在你欺騙他，這就是教孩子騙人啊！母親欺騙兒子，兒子就不再相信母親了，這不是教育孩子的正確方法。」於是把豬殺了煮熟，讓兒子吃。
孔子說：「孝是道德之始，悌是道德進一步發展，信是道德加深，忠是道德準則。曾子符合這四種德行。」孔子以此稱讚曾子。

曾子穿破衣在魯國耕種，魯君聽說之後，想請他到城邑當官。曾子堅決推辭不肯接受。

有人對曾子說：「又不是你自己求官，是國君主動給你的，何必推辭呢？」

曾子說：「我聽說受人施者，會害怕施予者。施捨人者，會看不起受施者。國君真心賞賜我，也不會看不起我，但此後我怎能不怕他呢？」

孔子聽了這事之後說：「曾子的話，足以保全他的名節。」

曾子在瓜田除草，不小心斬斷了瓜根。他的父親曾皙很生氣，拿棍子打他的背。曾子倒在瓜田不省人事，過了一會兒才甦醒。他高興地站起來對曾皙說：「剛才我得罪父親，您用杖來教育我，有沒有受傷？」

曾子回到屋內彈琴唱歌，想讓曾皙知道自己身體無恙。

孔子聽了這事，生氣地告訴守門學生說：「別讓曾子進來見我。」

曾子自以為自己無過，向孔子請求拜見。

孔子說：「你不曾聽過嗎？從前瞽叟有個兒子叫舜，舜服侍父親時，父親叫他時，他不在旁邊，瞽叟想殺掉舜，卻從未找到。父親用小棍打他，他乖乖挨打。用大棍打他，他就逃走。所以瞽叟沒犯下罪責，舜也沒喪失孝道。」

孔子說：「今天你的父親大發雷霆，你寧可被父親打死也不逃避，萬一真被一棍打死，則陷父親於不義，有哪種行為比這更不孝的呢？你不是天子之民嗎？殺害天子之民，有哪種罪能比這種罪更大呢？」

曾子聽了之後說：「我的罪過真大啊！」

曾子隨孔子遊至楚國時，有一天突然感到心裡發慌，拜辭孔子歸鄉探問母親，母親說：「我想你啊，就咬了一下指頭。」

後來孔子聽說此事歎道：「曾子如此孝心，精誠竟然遙動萬里之外。」

曾子第二次出外做官時，他的心情又發生了很大的變化。

曾子說：「雙親在時，我當官俸祿不到二十斗，然而我們生活得很快樂；第二次出外做官，雙親已不在，俸祿是二千斗，可是我的心情每天都很悲哀。」

弟子們聽到這番話就去問孔子：「曾子二次當官，心中並無關聯，是金錢的欲望吧？」

孔子說：「如果無聯繫，心裡能有悲哀嗎？對於名利不繫於心的人，看待二十斗和二千斗，如同看待鳥雀與蚊虻從眼前飛過一樣，都會無動於心。」

曾子說：「我聽老師說過：人很難流露內心的真情；唯有至親死了，真情才表露無遺。

我聽老師說過：孟莊子的孝順，其他方面別人都可以做到，但他不換父親的舊臣和不改前朝的舊規，是別人難以做到的。」

孔子認為曾子能通達孝道，以孝道為人生志向。所以傳授他學業。他著了《孝經》一書，晚年死於魯國。曾子提出「慎終追遠，民德歸厚」的主張和「吾日三省吾身」的修養方法，相傳他著述有《大學》、《孝經》等儒家經典，後世儒家尊他為「宗聖」。

曾子說：「我每天以三件事情反省我自己：替人謀事，有不忠心的嗎？和朋友交往，有不信實的嗎？老師所傳授的學問，有不溫習的嗎？」

孔子說：「不在那個職位上，就不要考慮那個職位上的政事。」

曾子說：「君子考慮問題，從不超過自己的職權範圍。」

孔子說：「顏回有四種君子之道：推行道義，虛心受勸，害怕接受俸祿，慎重立身行事，史鰌有三種君子之道：不做官卻尊敬君主，不祭祀卻敬鬼神，嚴於律己寬以待人。」

曾子陪在一旁說：「我以前常聽您說三句話，卻沒實行。發現別人的優點，就忘記他的缺點，因此您善於與人相處；看見別人的善行，像是自己的一樣，因此您不計較名利；聽到善必身體力行，然後教給別人，因此您能不辭勞苦。我學習您說的三句話，卻沒有實行，所以我自不如顏回和史鰌。」

孔子說：「我死後，子夏的學問會增加，子貢的學問會減少。」

曾子說：「為什麼呢？」

孔子說：「子夏喜歡跟比自己強的人相處，子貢喜歡跟不如自己的人相處。」

曾子說：「跟別人太親近，則會遭到怠慢；對別人太嚴肅，則不被親近。所以君子的親近程度足以愉快地與人交往，他的嚴肅程度也足以讓人保持對他的禮貌。」

孔子聽到曾子的這些話說：「學生們！你們記住，誰說曾子不懂得禮呢？」

孔子死後，曾子留下來，致力於孔學的傳授。曾子說：「讀書人的志氣不可不遠大強毅！然後才能任重道遠。把仁道視為自己的責任，不是很重嗎？一直到死才罷休，不是很遠大嗎？」

孟氏任命陽膚做典獄官，陽膚向曾子請教。

曾子說：「上位者遠離正道，則人民離心離德。如果案情真相大白，則應心生憐憫而不自喜。」

曾子有病，他將學生召集到身邊來，說道：「弟子們！你們看看我的腳！看看我的手！《詩經》說：『戰戰兢兢，如臨深淵，如履薄冰。』從今以後，我的身體不會再受傷了。」

曾子病了，孟敬子來看他。曾子說：「鳥將死的時候，鳴聲是悲哀的；人將死的時候，說的話是誠懇善意的。君子所重的道有三項：容貌舉動要合乎禮，才能遠離粗厲放肆；端正顏色，才能不妄而近於誠信；言辭合理得體，才能遠離鄙陋悖禮。至於一切禮節上的定例，自有專管的人員在。」

曾子病得很重，曾元抱住他的頭，曾申抱住他的腳。曾子說：「我沒有顏回的才能，拿什麼來告誡你們呢？你們仔細聽，我告訴你們。」

曾元、曾申說：「是的，父親。」

曾子說：「魚鱉以為淵池還太淺，而在潭底打洞安身；鷹鳶以為山嶺還太低，而在上面築巢棲息；它們被捕獲定是為釣餌所誘。如果君子不為財利傷害道義，恥辱便無從到來。」

曾子臥病在床，樂正子春坐在床下，曾元、曾申坐在腳旁，童僕坐在牆角，手拿燭火。

童僕說：「席子花紋好美麗！好光潔啊！這是大夫專用的席子吧？」

樂正子春說：「噓！小聲一點！」

曾子聽到了，突然驚醒過來說：「啊！」

童僕又說：「座席的花紋華麗光潔，這是大夫專用的席子吧？」

曾子說：「是的，這是季孫送給我的，我無力換掉它。曾元啊！扶我起來，把席子換掉吧。」

曾元說：「父親的病很危急，不能移動，等天亮之時再換席。」

曾子說：「你愛我之心還不如童僕愛我，君子之愛是成全別人的美德，小人之愛人是是苟且姑息。我現在還要求什麼呢？我只盼望死得合於禮罷了。」於是大家扶起曾子，更換了席子，再將曾子扶回床上，還來不及放得安穩，曾子便去世了。

十三、澹臺滅明

澹臺滅明，字子羽，是魯國武城人，小孔子三十九歲。澹臺滅明學習之後，便致力於修身實踐，處事光明正大，不走邪路，若不是為了公事，他從不去見公卿大夫。重視他時不欣喜，輕視他也不惱怒；寧可自己儉約，而讓民眾有利。侍奉君王以幫助百姓，這是澹臺滅明的品行。

孔子說：「獨自富貴，君子認為可恥。澹臺滅明就是這種人。」

他為人方正規矩，公正無私，以獲取與給予當作行為準則，以重信用知名。曾在魯國擔任大夫。

子游做了武城的邑宰。孔子說：「你在那裡有沒有得到賢人？」

子游說：「有個叫澹臺滅明的人，做人循規蹈矩，從不抄小路捷徑。」

子游說：「如果不是為了公事，他從來不到我的住處。」

澹臺滅明面貌長得很醜，想要事奉孔子，孔子原本認為他資質低下。後來他遊歷到江南，追隨他的學生有三百多人，他訂定了個人取予的原則，絕不苟且，所以清譽傳遍了四方諸侯。

孔子聽到了說：「只憑言辭論人，我對宰予判斷錯了；只憑相貌論人，我對子羽判斷錯了。」

十四、宓子賤

宓不齊，字子賤，魯國人。比孔子小三十歲。曾擔任單父宰，有才智，有仁愛，連百姓都不忍心欺騙他。孔子很敬重宓不齊。

宓子賤在魯國做官，被任命為單父宰。宓子賤唯恐魯君聽信讒言，無法推行政策。當他向魯君告別時，請魯君兩位親信史官一起赴任。宓子賤到任後，暗地告誡單父當地的邑吏，每當二位史官起草文書時，就抓住他們的胳膊肘。因此二位史官字寫得非常差，宓子賤看後非常生氣。二位史官很害怕，請求回朝廷去。

宓子賤說：「你們字寫得很不好，回去後要好好努力！」

二位史官回去後對魯君說：「宓子賤讓我們寫公文，又故意派人干擾我們的書寫，公文字寫得差又要責怪我們，當地官員都嘲笑我們，因此臣才由單父回來。」

魯君就這件事，向孔子求教。

孔子說：「宓不齊是個君子。他能輔佐諸侯成為霸主，現在降格治理單父，只不過想小試一下自己的才能。這件事是他想藉此向您進諫。」

魯公猛然領悟，他歎息說：「是我的過錯。我擾亂宓子賤的政事，卻責備有才者，如果沒有二位史官，則不知自己的錯誤所在；如果沒有您，則不能領悟宓子賤的暗示。」

於是派自己最寵愛的官吏，出使單父，並告訴宓子賤說：「從今天起，單父將不再受我直接管轄，一切任由你治理，若有便民之處，請替我決斷。每五年向我報告政績就行了。」

宓子賤接受魯君詔命，實行他的政策，將單父治理得很好。他教育百姓待人寬厚，親愛自己也親愛別人，崇尚真誠、仁愛、忠信，於是單父百姓便得到教化。

孔子的侄兒孔蔑和宓子賤，一起在朝廷當官。孔子去看望孔蔑時問他：「你當官以來，有何收穫？有何遺憾？」

孔蔑回答：「沒什麼收穫，但我遺憾三件事：朝廷事務繁忙，沒有時間學習，即使抽空學習也學不明白。朝廷俸祿少，無法贍養親屬，親屬關係一天天疏遠了。公事又多又急，無法悼喪和關心生病的朋友，因而失去了友情。這是我的三種遺憾。」

孔子聽了很不高興，又以同樣問題問宓子賤。宓子賤回答：「我沒什麼遺憾，但收穫有三點。從前所學如今能夠實行，如此對所學認識得更清了。朝廷的俸祿，能贍養親屬，親屬關係一天天親密了。即使朝廷有事，我仍能抽出時間悼喪和關心生病的朋友，因而朋友的感情也加厚了。」

孔子聽後，長歎道：「子賤真是個君子啊！如果魯國沒有君子，他從哪兒學到這種好品德呢？」

孔蔑問孔子說：「什麼是為人處世之道？」

孔子說：「明明自己懂，卻不去做，不如不懂！親近他又不信任他，不如不親近！高興的事來時，不要得意忘形；災難將至時，不要憂心忡忡。」

孔蔑問：「我自己該怎麼做呢？」

孔子說：「彌補自己的才能，別因為自己所不能而懷疑別人行，別因為自己能而傲視別人。終日說話也不留後患；終日行動也不留隱憂。只有智者才做得到。」

孔子對宓子賤說：「你治理單父，百姓都很高興。你用什麼方法做到的呢？你告訴我採用什麼方法。」

宓子賤回答說：「我治理的方法是：有如侍奉自己的父親般侍奉百姓的父親，有如愛自己的子女般愛百姓的子女，照顧孤兒，衷心辦好喪事。」

孔子說：「好！這只是小節，百姓能安心依附了，恐怕不只這些吧？」

宓子賤說：「我像對待父親一樣侍奉的有三個人，像對待兄長一樣侍奉的有五個人，像朋友那樣交往的有十一個人。」

孔子說：「像父親那樣侍奉的三個人，可以教民眾孝道；像兄長那樣侍奉的五個人，可以教民眾敬愛兄長；像朋友那樣交往的十一個人，可以提倡友善。這只是中等禮節，中等人就能依附了，恐怕不只這些吧？」

宓子賤說：「單父的百姓中比我賢能的有五個人，我都尊敬地向他們請教，他們也都教我治理之道。」

孔子感歎地說：「治好單父的大道在此！從前堯舜治理天下，必訪求賢人輔助自己。那些賢人是百福之源，是神明之主。」

宓子賤說：「是的，老師。」

孔子說：「可惜呀！子賤你治理的地方太小了，要是能治理大一點的地方則更好。」

齊軍攻打魯國，取道單父。單父地方父老向宓子賤請求，父老說：「麥已成熟，齊軍逼近單父，不如讓百姓自由收割城郊的麥子。這樣既可以增加百姓糧食，又不會幫助齊軍添加軍糧。」

三次請求，都未獲得宓子賤允許。不久齊軍通過時，順便收割了單父城郊的麥子。魯國大夫季孫氏聽到這事後，非常生氣，便派人責備宓子賤說：「百姓不辭勞苦耕耘，得不到糧食，不是很悲哀的事嗎？你不知猶可，別人告知後你還不聽，這不是為民著想的官員所該做的。」

宓子賤不高興地說：「今年沒麥子，明年可重新再種。如果沒耕種的百姓誰都能自由收割麥子，會使百姓樂於敵寇入侵。況且取得單父一年的麥子，不會使魯國更強大；失去單父一年的麥子，也不會使魯國更弱小。如果因此使百姓樂於敵寇入侵，那麼這個傷口好幾年都不能癒合。」

季孫氏聽到後，羞愧的說：「如果有地可鑽的話，我哪有臉見宓子賤呢？」

三年後，孔子派巫馬期去考察宓子賤的政事。巫馬期脫掉漂亮衣裳，穿著破舊衣服，進入單父，看見有人晚上捕魚，把捕到的魚全部放回。巫馬期覺得很奇怪，於是問道：「捕魚為了得到魚，為何你把捕來的魚又放回水裡去？」

捕魚的人說：「大魚名字叫魚壽，我們的大夫很喜歡它；小魚名字叫魚鼂，我們的大夫想留著讓它長大。所以捕到這兩種魚，我都要放回去。」

巫馬期回去後，將這事告訴孔子，巫馬期說：「宓子賤的道德達到至高境界了，人民默默地實行他的政策，好像有嚴刑在旁邊一樣。請問宓子賤如何達到這種境界的？」

孔子說：「我曾對他說：『在這邊寬厚，則另一邊嚴厲。』宓子賤只不過是將這種方法用到治理單父而已。」孔子逝世之後，宓子賤與樊遲、閔子騫三人一起到棠地辦學，傳道於濟水一帶。

十五、原憲

原憲，宋國人，字子思。比孔子小三十六歲。清廉純潔，嚴守節操，雖貧窮但以求道為樂。孔子做魯國司寇時，原憲曾當孔子的管家，孔子給他俸米九百石。

原憲推辭說：「不用這麼多。」

孔子說：「不要推辭，如果太多就給你的鄉親們吧。」

原憲問：「什麼是恥辱？」

孔子說：「國家政治清明，可以做官領取俸祿，卻不能有所建樹，國家政治黑暗，做官領取俸祿，卻不能獨善其身，就是恥辱。」

原憲問：「好勝、自誇、怨恨、貪婪，這四種毛病都沒有的人，可以算仁嗎？」

孔子說：「能做到這樣是難能可貴了，但算不算仁？我不知道。」

孔子逝世以後，原憲就跑到低窪積水、野草叢生的地方隱居起來，茅屋瓦牖，粗茶淡飯，生活極為清苦。子貢做了衛國宰相，出門車馬接連不斷，排開野草，來偏遠簡陋小屋探望原憲。因陋巷狹窄高車無法通過，只好下車步行。原憲整理好破舊衣帽，會見子貢。

子貢見他這個樣子，說：「太過分了，你怎麼病成這樣？」

原憲回答說：「我聽說無財，稱之為貧，學道而不能行，稱之為病。我只是貧，而非病啊。」

子貢很慚愧，他一輩子都為說錯話而感到羞恥。而原憲則站在門口，拄杖唱《商頌》。

猗與那與！置我鞉鼓。奏鼓簡簡，衎我烈祖。湯孫奏假，綏我思成。

鞉鼓淵淵，嘒嘒管聲。既和且平，依我磬聲。於赫湯孫！穆穆厥聲。

庸鼓有斁，萬舞有奕。我有嘉客，亦不夷懌。自古在昔，先民有作。

溫恭朝夕，執事有恪，顧予烝嘗，湯孫之將。

十六、公冶長

公冶長，字子長，齊國人。自幼家貧，勤儉節約，聰穎好學，博通書禮，德才兼備，精研六藝。後來拜孔子為師，成為孔子的得力門生，他終生治學不仕祿。公冶長一生治學，魯國君主多次請他為大夫，但他一概不應，而是繼承孔子遺志，教學育人，成為著名文士，深受孔子賞識。

傳說公治長能聽懂鳥語，公治長生活貧困，每天閒居在家，甚至沒有辦法吃飽飯。

有一天，公治長聽到樹上有隻麻雀對其他的鳥嘖嘖崔崔地叫：「白蓮道旁有車翻覆，牡牛折角，黍粟撒滿地，收斂不盡，大家快去吃啊！」

公治長急忙跑到白蓮道查看，果然有輛牛車翻倒路邊，很多小鳥正在吃黍粟。這才驚覺自己聽得懂鳥語。

公治長看見天下烏鴉一般黑，便問烏鴉說：「羽黑如墨，好嗎？」

烏鴉說：「很暖，很暖！」

公治長看見天下鷺鷥一般白，便問鷺鷥說：「羽白如雪，好嗎？」

鷺鷥說：「很涼，很涼！」

從此以後公治長便效仿鳥類，每到冬天他便穿黑衣，果然很暖和；每到夏天他便穿白衣，果然不熱很涼爽。人們便開始學習公治長，冬穿青棉衣，夏穿白衫，從此成了風俗習慣。

又有一天，一隻小鳥在他屋頂鳴叫道：「公治長，公治長！南山有個老虎馱著羊。你吃肉來，我吃腸！趕快去取莫彷徨。」

公治長說：「好。」

公治長到南山果然得到一隻羊，他便取回煮熟吃了，但忘記拿腸子給小鳥吃，小鳥因此懷恨在心。

過了不久，那隻小鳥又來通報。小鳥說：「公治長，公治長！南山有個老虎馱著羊。你吃肉來，我吃腸！趕快去取莫彷徨。」

公治長說：「好。」

他又去南山，遠遠見到幾個人圍著一個東西議論紛紛。公治長以為是死獐，怕被別人搶走，就急著高喊：「那是我打死的。」

等他跑過來一看，竟然是一具屍體。於是眾人把他扭送到官府。

縣令查問案情，公治長再三申辯：「我沒有殺人啊。」

縣令說：「自己親自招認的，怎會有假？」

公治長無言以對，於是就被關了。孔子瞭解公治長為人，替他到魯君那裡辯白，終究也未能解脫公治長的牢獄之苦。孔子於是感歎道：「即使在牢獄之中，也不能說他犯了罪。」

不久，公治長在牢房中又聽見小鳥在房頂大聲鳴叫：「公治長，公治長！齊人出兵侵擾我邊疆。沂水之上嶧山旁，趕快抵抗莫慌張。」

公治長通過獄吏告訴魯君，魯君雖然仍不相信，但還是依他的話派人到邊境察看，結果齊軍真的快抵達邊境了，急忙發兵抵抗齊國軍隊，最後魯國終於獲勝。魯君釋放公治長，並加以厚賞，封他大夫爵位，公冶長謝辭不受，他認為因為懂鳥語而獲取封祿是種恥辱。但他的後代卻無人繼承他的本領。

孔子說：「雖然公冶長曾坐過牢，但那不是他的過錯。可以把女兒嫁給他。」於是孔子便把女兒嫁給了他。

公冶長婚後，生了兩個兒子，一個叫子犁，早亡，一個叫子耕。

十七、南宮适

南宮适，字子容，魯國人。以自己的聰明才智保全自己。

孔子說：「獨居時想著仁，大眾面前宣講義。套用《詩經》的話，就是：『一日三度，磨去白玉的斑點。』這是南宮适的品行。」

南宮适反覆誦唱詩經《白珪之玷》：「白圭之玷，尚可磨也；斯言不玷，不可為也。」一塊白玉有缺損，還能磨得平齊，但語言失當，就無法補救了。

孔子說：「南宮适真不錯！世道清平也有所作為，世道污濁不同流合污。」

孔子認為南宮适是位仁者，是一位很特殊的人。

南宮适問孔子說：「后羿善於射箭，奡善於水戰，兩人最後都不得好死。禹和稷都親自種植莊稼，最後反而得到天下。」

孔子沒有回答，南宮适走出去之後，孔子說：「這個人真是個君子啊！他崇尚有德行的人啊！」

孔子談起子容時說：「國家政治清明時，他不至於沒有職位，國家政治昏亂時，他又能明哲保身，不會遭受禍害。」孔子就把自己的侄女嫁給了他。

十八、曾蒧

曾蒧，字子皙，又稱曾皙，是曾子的父親。父子兩人曾先後在孔子門下求學。他痛心於當時不施行禮教，想改變這種現象。孔子很贊同他的想法，像贊同他在《論語》中所說的：「在沂水沐浴，在舞雩處乘涼。」

他陪著孔子，孔子說：「談談你的志趣。」

曾皙說：「暮春三月穿上春衣，約五六個好友，帶上六七個童子，在沂水裡洗洗溫泉，在舞雩台上吹吹風，然後一路唱著歌走回來。」

夫子因而感歎說：「我欣賞他的情趣。」

十九、公皙哀

公皙哀，字季次，齊國人。他鄙視很多天下人到大夫家當家臣，因此他一生沒有屈節去做別人的家臣，孔子特別讚賞他。

孔子說：「天下人無善行，大都當卿大夫們的家臣，在都邑當官，只有季次不曾出來當官。」

二十、顏無繇

顏無繇，字路，是顏回的父親，父子兩人曾先後在孔子門下求學。魯昭公十三年，孔子開始教書於闕里，那時的顏無繇聽到消息之後，便前往就學。

魯昭公二十一年，其子顏回誕生。魯哀公四年，顏回死了，他的父親顏路請求孔子賣掉車子，替顏回買個外槨。

孔子說：「無論有才無才都是個兒子。我的兒子孔鯉死時，有棺無槨。我不能賣車為顏回買棺槨，因為我做過大夫，不可以步行。」

二十一、商瞿

商瞿，字子木，魯國人，比孔子小二十九歲。商瞿四十歲時還沒有兒子，他的母親為此要他再娶一房妻子。孔子派他出使齊國，由於去路遠，久後方歸，他母親擔心絕後無子，感到憂慮害怕。

孔子在正月替他占筮一卦後，告訴商瞿的母親說：「商瞿以後會有五個兒子。」

子貢問孔子說：「您怎麼知道？」

孔子說：「我替他算卦，是大畜卦，大畜卦屬二世，正對艮位。九二爻位於甲寅，木為世。六五爻位於景子，水為應。世應之後而產生外卦象，生象而現爻，生互體內卦象。從卦象上看，艮屬別生子。所以說畜卦預測應生五子，其中一子命短。」

顏回問：「從卦上如何知道這結果？」

孔子回答說：「卦的內象預示是嫡生子，一艮變為二，位於丑時。下乾卦三個陽爻，共為五。因此有五個兒子，其中一子短命。怎麼知道是短命呢？那是其他緣故了。」

孔子也把《易經》傳給商瞿，商瞿傳給楚人馯臂子弘，弘傳給江東人矯子庸疵。疵傳給燕人周子家豎，豎傳給淳于人光子乘羽，羽傳給齊人田子莊何。何傳給東武人王子中同，同傳給甾川人楊何。楊何於漢武元朔年間，因研究《易經》而出任漢中大夫。

二十二、高柴

高柴，字子羔，齊國人，齊文公世孫，高氏家族的分支，比孔子小三十歲。子羔的身長不足五尺，在孔子門下學習。相貌很醜。為人專心於孝道又遵守禮儀規範。小時候住在魯國，在孔子的弟子中有一定名聲。曾任武城宰。

自從見到孔子，進門出門，從不違反禮節。來來往往，不會踩到別人影子。不殺剛從冬眠初醒的生物，不攀折正在生長的草木。為親人守喪，不曾言笑。這是子羔的品行。

孔子說：「子羔守喪的至誠，一般人難以做到；初春不殺生，是遵從人倫之道；生長的草木不攀折，是遵從仁道。成湯謙恭又能推己及人，因此威望天天升高。子羔的性子愚直，曾參的性子遲鈍，顓孫師其志過高而流於一偏，子路的性子太剛猛。」

孔子認為子羔很愚笨，子路派子羔去當費邑宰。孔子說：「你這不是害子羔嗎？」

子路說：「那裡有人民、有社稷可以學習，為什麼一定要讀書才算學習呢？」

孔子說：「你真是強詞奪理啊！」

後來子路、子羔在衛國孔悝手下為家臣。衛國內亂，子羔逃出城，子路回城殉難。子羔逃到外城門口，看守城門的刖者剛好是他擔任衛國士師時，執行刑罰，砍斷了那個人的雙腳。沒料到刖者卻說：「城牆上邊有個缺口。」

子羔說：「君子不跳牆。」
那人又說：「那邊有一個穴。」
子羔說：「君子不鑽穴。」
刖者又說：「這裡有間房子。」
於是子羔才躲進去。
不久，追捕的人停止追捕了，子羔要離開時，對那位刖者說：「過去我砍斷了你的腳，你為何三次讓我逃命？」
刖者說：「砍斷我的腳，是我罪有應得。從前您判我有罪，臨行刑時您臉色憂愁，我知道是出自於你善良的本性。這就是我讓您逃脫的原因啊！」
孔子聽說了這件事說：「子羔官當得多麼好啊！他用刑罰同一標準。心懷仁恕之心樹立恩德，用刑嚴酷就會與人結怨。能公正執法，大概就只有子羔吧？」

二十三、漆雕開

漆雕開，蔡國人，字子若。比孔子小十一歲。他勤學《尚書》。對當官不感興趣。
孔子要漆雕開去當官。孔子對他說：「你的年齡可以做官了，不然就錯過時機。」

漆雕開寫信答覆孔子說：「對於做官，我還沒有信心。」

孔子聽了非常高興，孔子說：「讀書三年，還不想當官，是難能可貴的。」

二十四、公伯繚

公伯繚，字子周，魯國人。

公伯繚在季孫氏面前毀謗子路。子服景伯告訴孔子這件事，說：「季孫氏雖被公伯繚迷惑，但我還有足夠的力量，可以把公伯繚殺了陳屍街頭示眾。」

孔子又說：「如果大道能實行是天命；如果大道將被廢止也是天命。公伯繚能把天命怎麼樣呢！」《孔子家語》沒有將公伯繚列為孔子弟子。

二十五、司馬牛

司馬牛，字子牛，向羅之子，司馬桓魋之弟，宋國人。子牛為人性情急躁而多嘴。他看見哥哥桓魋經常行惡，常常為桓魋的下場擔心，後來桓魋反叛宋景公兵敗，五位兄弟因而分離四散。

司馬牛憂傷地對子夏說：「別人都有兄弟，唯獨我沒有。」

子夏說：「我聽說過：『死生有命，富貴在天。』君子只要內心敬謹而不要有過失，待人恭敬有禮，那麼四海之內皆兄弟。君子何必擔心沒有兄弟呢？」

司馬牛問：「如何才算是君子？」

孔子說：「君子不憂愁、不恐懼。」

司馬牛說：「不憂愁不恐懼，這就可以稱之為君子嗎？」

孔子說：「自我反省，問心無愧，何來憂懼呢？」

司馬牛問：「什麼是仁？」

孔子說：「仁者說話謹慎。」

司馬牛說：「說話謹慎，這就可以稱仁了嗎？」

孔子說：「凡事做起來很困難，說起來能不謹慎嗎？」

魯哀公十四年，司馬牛由吳國回魯國時，死於魯國門外。

二十六、樊遲

樊須，字子遲，魯國人。比孔子小三十六歲，任仕於季孫氏。有時候也替孔子駕車。

孟懿子問孝，孔子說：「不違禮。」

樊遲駕車時，孔子告訴他：「孟孫跟我問孝，我回答說：『不違禮』。」
樊遲說：「怎麼說？」
孔子說：「父母生時依禮侍奉；死後依禮安葬、依禮紀念。」
樊遲問孔子說：「怎樣才算明智？」
孔子說：「做事順應民心，敬鬼神而遠之，就算明智了。」
樊遲又問：「怎樣才是仁？」
孔子說：「先吃苦後享受，就算是仁了。」
樊遲問：「什麼是仁？」
孔子說：「對人慈愛。」
樊遲問：「什麼是智？」
孔子說：「對人瞭解。」
樊遲還是不理解。
孔子說：「選拔正直的人，罷黜邪惡的人，這樣就能使邪者歸正。」
樊遲退出來，見到子夏問說：「剛才我見到老師，問他什麼是智，他說：『選拔正直的人，罷黜邪惡的人，這樣就能使邪者歸正。』這是什麼意思？」

子夏說：「這話說得多麼有意義呀！舜有天下，在眾人中挑選人才，選出了皐陶，不仁的人就被疏遠了。湯得天下，在眾人中挑選人才，選出了伊尹，不仁的人就被疏遠了。」

樊遲陪孔子在舞雩台下遊覽，樊遲問：「請問如何才能提高品德、改正錯誤、辨別迷惑？」

孔子說：「問得好！先做事後收穫，不就提高品德了嗎？自我反省不怪罪別人，不就能改正錯誤了嗎？忍不住一時氣憤，忘了自身與親人安危，這不是迷惑嗎？」

樊遲問孔子說：「鮑牽侍奉齊君，認真施政，可說是忠了，而齊君卻砍去他的雙腳，齊君算是極為昏庸。」

孔子說：「古代有才智的人，國有道則盡忠輔佐，國無道則退隱避之。現在鮑牽於淫亂之朝當官，不考慮國君賢明或昏庸，因此被砍去雙腳。他的智力還不如一棵葵菜。葵菜雖被掐斷還能保住其足。」

樊遲向孔子請教：「如何種莊稼？」

孔子說：「種田我不如老農。」

樊遲又請教：「如何種菜？」

孔子說：「種菜我不如菜農。」

樊遲退出去之後，孔子說：「樊遲真是小人。只要在上位者重視禮，百姓就不敢不敬畏；在上位者重視義，百姓就不敢不服從；在上位的人重視信，百姓就不敢不真誠。如果能做到這樣，四方百姓就會背著子女投奔，哪裡還需要親自去種莊稼呢？」

孔子去世後，樊遲、閔子騫和宓子賤到棠地辦學，傳道於濟水一帶。

二十七、有若

有若，字子有，魯國人。比孔子小三十三歲．為人強識，愛好古道。《論語》中，孔子的弟子顏回被尊稱為顏子，曾參被尊稱為曾子，有若也被尊稱為有子。可見他的地位不同一般。

有若說：「孝敬父母、尊敬師長，卻好犯上的人，少極了；不好犯上，卻好作亂的人，絕對沒有。做人首先要從根本上做起，有了根本，就能建立正確的人生觀。孝敬父母、尊敬師長，就是做人的根本吧！

「禮的運用，以和為貴。先王傳下來的道，以禮為最美好，小事大事都由此而行。但一味用和，而不以禮來節制，也有行不通的時候。

「與人約定要近乎於義，才能兌現承諾。對人恭敬必須合乎禮節。才能避免受辱。依靠值得親近的人，應該這樣做才值得效法。」

魯哀公問有若說：「饑荒年，國庫空，怎麼辦？」

有若說：「實行賦稅十分抽一。」

魯哀公問：「十分抽二還嫌稅少呢，怎能減到十分抽一？」

有若說：「百姓富裕了您還會不富裕嗎？百姓貧窮了您哪來富裕？」

曾子說：「晏子可說是懂禮之人，他為人恭敬。」

有若說：「晏子一件狐皮袍穿了三十年，辦喪事時只用遣車一輛，一下葬就回家。依禮，陪國君下葬的牲禮有七個，遣車也要用七輛；大夫是五個牲禮，遣車五輛，晏子怎能算懂禮之人呢？」

曾子說：「如果國君無道，君子恥於處處盡禮；國人太奢侈時，就表現節儉作風；國人太儉樸時，才要處處盡到禮。」

有若問曾子說：「老師可曾說過：如何對待丟掉官職嗎？」

曾子說：「沒有，不過我倒曾聽老師說過：『丟掉官職，最好快點貧窮、死掉、快點爛掉。』」

有若說：「這不像君子該說的話。」

曾子說：「這是我親耳聽老師說的呀！」

有若仍然堅持說：「這不像老師說的話。」

曾子說：「是我與子游親耳聽老師這樣說的。」

有若說：「好啦，我相信老師確實這樣說過。但他一定是針對什麼才這樣說的。」

曾子把這番對話告訴子游。子游說：「了不得！有若的話太像夫子了！從前老師在宋國見到桓魋司馬為自己製造石槨，花了三年還沒做好，老師就說：『他這麼奢侈，死後應該快點爛掉。』這是針對桓魋司馬說的。南宮敬叔丟官之後，每次返國一定滿載珍寶去晉謁國君。老師說：『他行賄求官，丟官還不如快點貧窮的好。』這是針對南宮敬叔說的。」

曾子將子游的話告訴有若，有若說：「這就對了！本來我就說：『這不像老師說的話。』」

曾子說：「你怎麼知道呢？」

有若說：「老師當中都宰時，曾規定內棺四寸，外槨五寸，由此可知老師不主張人死就快點爛掉。另外當初老師丟掉了司寇官職，要應聘到楚國當官，就先派子夏去安排，接著又加派冉求去幫忙，由此可知老師不主張丟官後很快就貧窮。」

孔子過世之後，子夏、子張、子游認為有若長相、觀念都很接近孔子，要讓他接替孔子之職，曾子反對，認為不可以。由於有若長得很像孔子，於是大家推舉他當老師。

有一天，弟子進來問他說：「從前老師要出門時，令弟子們帶雨具，不久果真下雨。同學們問：『老師怎麼知道會下雨呢？』老師說：『《詩經》說：「月亮依附於畢星的位子上，接著就會下大雨。』昨晚月亮不是在畢星嗎？』又有一天，月亮又在畢星，但卻沒有下雨。還有商瞿年紀大了卻沒有兒子，他的母親要替他另外娶妻。孔子派他到齊國去，商瞿的母親請求不要派他。孔子說：『別擔心！商瞿四十之後會有五個兒子。』之後果真如此。請問當年老師怎能預知呢？」

有若默然無法回答。弟子們站起來說：「有若！你離開吧，這位子不是你能坐的啊！」

二十八、公西赤

公西赤，字子華，魯國人，比孔子小四十二歲。公西赤長於祭祀與賓客之禮，以此著稱，且善於交際；束帶立朝，整齊莊重又嚴肅，志向通達又喜好禮儀，處理兩國之間外交，忠誠雅正又有節制，這是公西赤的品行。

孔子對弟子們說：「《禮經》三百篇，可以經由學習來瞭解；三千項威嚴的禮儀細節，則難以掌握。」

公西赤說：「為什麼呢？」

孔子說：「接待賓客要容貌莊重，致詞要依不同禮節，所以很難。」

大家以為孔子說完了。沒想到孔子又說：「接待賓客，公西赤足以勝任。」

孔子又對弟子們說：「想學習接待賓客，你們應該向公西赤學習。」
弟子們說：「是的，老師。」
公西赤奉派出使齊國，冉求替公西赤的母親向孔子請求安家米糧。
孔子說：「給他六斗四升。」
冉求說：「再多給他一些吧。」
孔子說：「那就再給他二斗四升。」結果冉求自作主張給了八百斗。
孔子說：「公西赤到齊國去，坐的是肥馬拉的馬車，穿的是輕暖的裘衣，我聽說：君子是周濟人家的急難，而不是增加別人的財富。」
公西赤有非常優秀的外交才能。孟武伯曾經向孔子問起公西赤，孔子回答說：「可以讓公西赤穿著禮服，在朝廷接待貴賓，但我也不知道他是否做到了仁？」從孔子的言談中，我們可以知道孔子多麼瞭解自己的學生，也表現孔子對於「仁」的完美要求。

二十九、巫馬期

巫馬期，字子旗，魯國人，比孔子小三十歲。宓子賤做過單父的地方官，只見他整天彈琴作樂，悠閒自得，根本沒見他走出過公堂。單父在他治理之下生活富足。後來，宓子賤離開單父，巫馬期接替他的職務，巫馬期天還沒亮，星星還沒消失就去上班，一直忙到夜裡繁星密布才疲憊不堪地返回公堂。巫馬期為了工作，吃不好，睡不好。大小事情無不親自處理，好不容易才將單父治理好。

巫馬期便去請教宓子賤治理單父的竅門。宓子賤說：「我哪有什麼竅門？我治理單父是藉著大家的力量，你只用自己的力量治理單父，當然辛苦不堪；我依靠眾人的力量，當然安逸得多了。」

孔子要外出，叫隨從們拿上雨具，不久果然有雨。巫馬期問孔子說：「早上沒雲，後來又出太陽，老師叫我們帶雨具，請問您怎麼知道會下雨呢？」

孔子說：「昨晚月亮在畢宿星座，《詩經》說：『月離畢宿，滂沱大雨跟著來。』所以我知道天要下雨。」

陳國的司敗問：「魯昭公知禮嗎？」

孔子說：「知禮。」

孔子走後，陳國的司寇向巫馬期作一作揖，說：「我聽說君子不袒護人，君子也袒護人嗎？昭公娶一位吳國女人當夫人，因為同姓姬，所以諱稱她為吳孟子。如果魯昭公也算知禮，天下還有誰不知禮？」巫馬期把陳國司敗的話轉告孔子，

孔子說：「我真是有幸，一旦有了過錯，人家一定會知道。為臣不能說國君的過錯，替他避忌的人，就是懂禮啊。」

三十、梁鱣

梁鱣，字叔魚，齊國人，比孔子小二十九歲。梁鱣是少梁開國康伯之九世孫，晉大夫益耳五世孫。齊景公時從學孔子。

梁鱣三十歲時還無子女，他想休妻。同為孔子弟子的商瞿對他說：「你先別這樣做。從前我三十八歲還沒有兒子，母親為我再娶一房妻子。老師派我到齊國，我母親請求老師讓我留下來，老師說：『妳別擔心，商瞿過了四十歲時會有五個兒子。』結果如先生所說。你還沒有兒子，未必是你妻子的錯。」

梁鱣聽從商瞿的話，兩年後他四十二歲時真的生了兒子梁驄，取名驥，字子襄。後來梁驄成為曾子的門徒。

三十一、陳亢

陳亢，陳國人，字子亢或子禽，比孔子小四十歲。齊大夫陳子車之弟。陳亢品行高潔，各國諸侯都很尊敬他。

陳亢問子貢說：「老師到任何地方，都能瞭解該地的政事，是求來的？還是人家告訴他的？」

子貢說：「老師是由於溫、良、恭、儉、讓的品德而得來的，老師的請求通常都異於常人吧？」

陳亢對子貢說：「你是謙虛吧，孔子哪裡比你強？」

子貢說：「君子說一句話就可以表現出是否明智，所以說話不可以不謹慎。孔子高不可及，如同天不能搭階梯爬上去一樣。他如果有機會治理國家，就能得到百姓全力擁護，萬眾一心，共享太平。他生也光榮，死也可哀，怎麼談得上趕上他呢？」

有一天，陳亢看到孔鯉從學堂走出來，陳亢問孔鯉說：「你從老師那裡學到了特別的祕傳嗎？」

孔鯉說：「沒有。有一次他獨自站在庭中，我恭敬地走過，他問我：『學詩了嗎？』我回答說：『沒有。』他說：『不學詩，就不懂得怎麼說話。』我回去便學詩。又有一天，他又獨自站在庭中，我恭敬地走過。他又叫住我問：『學禮了嗎？』我回答說：『沒有。』他說：『不學禮就不懂得怎樣立身。』我回去就學禮。我只聽到過這兩件事。」

陳亢回去高興地說：「今天我問一件事，得到三方面收穫：知道詩的作用，禮的作用，又知道了君子並不偏愛自己的兒子。」

從前有以活人殉葬的習俗。陳乾昔臥病在床，向兄弟交代後事，並跟他的兒子尊己說：「我死後要為我做個大棺材，讓我的兩個妾分別躺在我兩邊。」

陳乾昔死了以後，他的兒子尊己說：「用活人殉葬不合乎禮，何況還要躺在同一個棺材裡？」後來，尊己並沒殺兩個妾為父親殉葬。

陳亢的哥哥陳子車死於衛國，他的妻子和家臣打算以活人為他殉葬。這時陳亢來了。兩人告訴陳亢說：「陳子車病死，沒有人在地下伺候他，我們想用活人為他殉葬。」

陳亢說：「用活人殉葬不合禮儀。但儘管如此，兄長有病應有人去伺候，除了妻子和家臣你們兩人之外，還有誰更適合做這件事呢？不用活人殉葬，正合我意；如要用活人殉葬，你們兩個人來殉葬最適宜。」於是陳子車的妻子和家臣便決定不以活人殉葬。

三十二、顏幸，字子柳，魯國人，比孔子小四十六歲。

三十三、冉儒，字子魯，魯國人，比孔子小五十歲。冉儒求學很認真，他敏於學、勤於問。

三十四、曹卹，字子循，蔡國人，比孔子小五十歲。曹卹是山東曹姓始祖曹振鐸第十八代孫。而曹振鐸又是周文王第六子，封山東定陶，以國為姓，因此曹卹也是王室之後。

三十五、伯虔，字子析，魯國人，比孔子小五十歲。鬬伯比後裔，勤奮好學，以儒行著稱。

三十六、公孫龍，字子石，楚國人，比孔子小五十三歲。齊國田常想出兵攻打魯國，子張與公孫龍想為祖國挺身而出，但是孔子不答應。

太使公司馬遷說：「由公孫龍以上三十五位弟子，他們的年齡、姓名、受業過程和事蹟都有明文記載。其餘的四十二人沒有年齡可考，也無文字記載。」17

以下是孔子的四十二位弟子：

三十七、冉季，字子產，魯國人。

三十八、公祖句茲，字子之，魯國人。

三十九、秦祖，字子南，秦國人。

四十、漆雕哆，字子斂，魯國人。

四十一、顏高，字子驕，魯國人。

四十二、漆雕徒父，又名文，字子期，魯國人。
四十三、壤駟赤，字子徒，秦國人。
四十四、商澤，字子季，齊國人。
四十五、石作蜀，字子明，周人。
四十六、任不齊，字子選，魯國人。
四十七、公良儒，字子正，陳國人。
四十八、后處，字子里，周人。
四十九、秦冉，字子開，蔡國人。
五十、公夏首，字子乘，魯國人。
五十一、奚容箴，字子皙，魯國人。
五十二、公肩定，字子中，魯國人。
五十三、顏祖，字子商，魯國人。

⑰《史記》〈仲尼弟子列傳〉中未列陳亢為孔門弟子，故而此處和司馬遷所言「三十五」位，多了一位。

五十四、鄡單，字子家，魯國人。
五十五、句井疆，字子疆，衛國人。
五十六、罕父黑，字子索，魯國人。
五十七、秦商，字子丕，魯國人。
五十八、申黨，字子周，魯國人。
五十九、顏之僕，字子叔，魯國人。
六十、榮旂，字子祈，魯國人。
六十一、縣成，字子祺，魯國人。
六十二、左人郢，字子行，魯國人。
六十三、燕伋，字子思，魯國人。
六十四、鄭國，字子徒，魯國人。
六十五、秦非，字子之，魯國人。
六十六、施之常，字子恆，魯國人。
六十七、顏噲，字子聲，魯國人。
六十八、步叔乘，字子車，齊國人。

六十九、原亢，字子籍，魯國人。
七十、樂欬，字子聲，魯國人。
七十一、廉絜，字子庸，衛國人。
七十二、叔仲會，字子期，魯國人。
七十三、顏何，字子冉，魯國人。
七十四、狄黑，字子皙，魯國人。
七十五、邦巽，字子斂，魯國人。
七十六、孔忠，孔子的哥哥伯尼之子，魯國人。
七十七、公西輿如，字子上，魯國人。
七十八、公西蒧，字子尚，魯國人。

太史公說：「後世學者們都稱述孔子門下的七十位門生，有些讚譽超過了真實，有些詆毀也超過了真實。總之誰也沒看過他們的真實相貌。孔門弟子的生平事蹟，還是孔氏古文接近真相，關於孔子門下弟子們的名字、姓氏、言行等情況，我全部取自《論語》中的弟子問答，編次成篇，有疑問的地方就空缺著。」

蔡志忠作品
孔子紀行

作者：蔡志忠
責任編輯：鍾宜君
校對：呂佳真
封面設計：三人創制
法律顧問：安丹律師、顧慕堯律師
出版者：大塊文化出版股份有限公司
台北市 105 南京東路四段 25 號 11 樓
www.locuspublishing.com

讀者服務專線：0800-006689
TEL：（02）87123898　FAX：（02）87123897
郵撥帳號：18955675　户名：大塊文化出版股份有限公司

總經銷：大和書報圖書股份有限公司
地址：新北市新莊區五工五路 2 號
TEL：（02）89902588（代表號）　FAX：（02）22901658
製版：瑞豐實業股份有限公司

初版一刷：2015 年 10 月
初版二刷：2018 年 3 月
定價：新台幣 360 元
Printed in Taiwan
ISBN：978-986-213-632-4

孔子紀行 / 蔡志忠作.
-- 初版. -- 臺北市 : 大塊文化, 2015.10
面 ;　公分

ISBN 978-986-213-632-4(平裝)
1.(周)孔丘 2.學術思想 3.傳記

121.23　　104017834